人间游戏

人际关系心理学

［美］艾瑞克·伯恩 著

张积模 江美娜 译

Games
People Play

北京联合出版公司
Beijing United Publishing Co.,Ltd.

只 为 优 质 阅 读

献给我的患者和学生
他们教会了我很多东西
现在，他们依然在教我
人间的游戏和生活的意义

序

❧

本书的初衷，是作为《沟通分析心理治疗》[1]的续集。当然，也可以作为独立读本。第一部分总结了理解分析游戏所需的理论。第二部分对单个游戏进行了描述。第三部分介绍了一些新的临床资料和理论研究，并结合原有的材料，使我们可以在一定程度上理解脱离游戏的情境含义。需要深入了解背景资料的读者，可以参考上一卷的内容。读过本卷和上一卷的读者都会注意到，除了理论上的进步以外，本书在术语和观点方面也有一些微小的变化，这是进一步思考、阅读以及研究新的临床材料的必然结果。

本书之所以能够面世，是源于一些学生和听众的要求。他们有的对游戏列表颇感兴趣，有的则希望我能对在沟通分析原理中所举的例子做进一步的阐述。在此，我要感谢这些学生和听众，尤其是那些接触、发现新游戏或为新游戏命名的患者；我还要特别感谢芭芭拉·罗森菲尔德小姐，她对倾听的艺术和意义有着许多独到的见解；还要感谢梅尔文·博伊斯先生、约瑟夫·孔卡南先生、富兰克林·恩斯特博士、肯尼斯·埃弗斯博士、戈登·格里特博士、弗朗西丝·马森太太和雷·庞德克斯特博士等，感谢他们独立发现或明确了许多游戏的重要意义。

克劳德·施泰纳先生是旧金山社会精神病学研讨会的前任学术主任，现供职于密歇根大学心理学系。就他而言，有两点值得特别一提。他早期进行的一系列实验，证实了本书中的许多理论要点；同时，其实验结果在澄清自主性和亲密关系的本质方面起到了很大的作用。最后，我还要感谢研讨会的财务秘书维奥拉·利特小姐和我的私人秘书玛丽·威廉姆斯太太，感谢她们长期以来对我的鼎力相助；还有安妮·加勒特小姐，感谢她在校对方面所做出的贡献。

说　明

为了简单起见，本书描述的游戏主要是从男性的角度出发的，除非是明显的女性视角。因此，游戏的主角通常用"他"来指代，但这绝对不带任何偏见，因为在相同的情况下，除非另有说明，都可以用"她"来替代。如果女性角色和男性角色有很大不同，则区别对待。同样，治疗师也不带偏见地统称为"他"。书中的词汇和观点主要面向执业的临床医生，但其他专业人员也会发现本书十分有趣，非常实用。

沟通游戏分析应该与其日益发展的姐妹学科数学游戏分析明确区分开来，尽管书中的一些术语，如"支付"等，是目前公认的数学术语。游戏的数学理论，详见卢斯和雷法的著作《游戏与决策》[2]。

加州卡梅尔

1962 年 5 月

注释：

1. Berne, E. *Transactional Analysis in Psychotherapy*. Evergreen, 1961.

2. Luce, R. D. and Raiffa, H. *Games & Decisions*. Chapman & Hall, 1957.

引　言

✦

1. 社会交往

在《沟通分析心理治疗》[1]中已经详细概述的社交理论可以归纳如下。

斯皮兹[2]发现，长时间缺乏照看的婴儿，会陷入不可逆转的衰退，最终很容易死于并发疾病。实际上，这意味着情绪剥夺会带来致命的后果。这些观察引发出"刺激—饥饿"的观点。它表明，最重要的刺激形式源自身体的亲密接触。根据我们的日常生活经验，这一结论不难接受。

相关的现象出现在遭受感觉剥夺的成年人身上。在实验中，这样的剥夺可能会引发短暂的精神疾病，至少会引起暂时的精神障碍。过去，人们发现，社交和感觉剥夺对受到长期监禁的个人来说会有类似的影响。事实上，单独监禁是最可怕的惩罚之一，即便是对身体暴力麻木不仁的囚犯也是如此。[3, 4]而且，它现在已经成为一个臭名昭著的诱导政治顺从的手段。（相反，反对政治顺从的公认的最好武器是社会组织）。[5]

从生物学的角度来看，情感和感觉剥夺有可能会导致或加速器官变化。如果脑干的网状活化系统[6]没有得到充分的刺激，神经细胞可能会发生衰退变化，至少是间接发生的。这可能是营养不良带来的副作用，但营养不良本身可能是冷漠的产物，就像患消瘦症的婴儿一样。因此，这里形成了一条生物链，情感和感觉剥夺，通过冷漠，导致衰退变化乃至死亡。从这个意义上讲，刺激—饥饿和食物—饥饿，对人体器官的生存有着同样的关系。

事实上，不仅在生理上，而且在心理和社交上，刺激—饥饿在许多方面都与对食物的渴望十分相似。类似营养不良、饱食、美食家、贪吃者、挑剔者、苦行僧、烹饪艺术和好厨师等术语，很容易从营养领域转移到感觉领域。过饱与过度刺激有相似之处。在这两个领域里，通常情况下，在供应充足、菜品丰富时，选择在很大程度上受个人爱好的影响。一些爱好或许与体质有关，但和本文的问题毫无关系。

社会精神病学家关心的是，婴儿在正常成长过程中与母亲分离后会发生什么。已有的说法可以用"俗语"[7]来概括：

"如果得不到抚摸，你的脊髓就会萎缩。"因此，母子亲密关系结束以后，个体的余生将面临一个两难的境地，他的命运和生存将摇摆不定。一方面，社会、心理和生物的力量，阻碍了个体像婴儿一样继续享受身体上的亲密接触；另一方面，他会为实现这一目标而不懈努力。在大多数情况下，他会妥协。他学会了用更加微妙的甚至是象征性的方式处理问题，直到达到最低的目标，虽然他对身体接触的渴望可能会有增无减。

这个妥协的过程可以用不同的概念来称呼，如"升华"。但是不管它叫什么，其结果是，婴儿时期的刺激—饥饿部分地转化为所谓的认同—饥饿。随着妥协复杂性的增加，个体的认同需求越来越个性化。正是这些差异导致了社会交往的丰富多彩，并决定了个体的命运。一名电影演员每周可能需要数以百计的匿名粉丝和同质粉丝的安抚，以保持他的热情；而一位科学家每年只需要得到一位受人尊敬的大师的安抚，便可以保持身心健康。

"安抚"可以概括为身体上的亲密接触。实际上，它可以有多种形式。有人会真的抚摸一个婴儿，有人会拥抱或轻拍他，也有人会半开玩笑地捏捏他或用指尖弹他。这些都和谈话有相似之处。所以，听一个人说话，似乎就可以推测出他会如何对待一个婴儿。将含义引申开来，安抚，通俗地讲，是指任何一种承认他人存在的行为。因此，安抚可以作为社会交往的基本单位。相互安抚构成了相互作用，而相互作用构成了社会交往的单位。

就游戏理论而言，这里的原理是，无论何种社会交往，都比没有社会交往更具有生物学上的优势。这一点已被 S. 莱文[8]著名的老鼠实验所证实。实验发现，通过交往，不仅老鼠的身体、精神和情感得以发展，而且，其大脑的生物化学过程，甚至其对白血病的抵抗力，都受到了直面的影响。这些实验的一大显著特点是，轻轻的安抚和痛苦的电击对促进动物健康同样有效。

上述理论的验证，使我们满怀信心地进入下一部分。

2. 时间结构

假设对婴儿的安抚及其在成人身上的象征——认同均具有生存价值，那么，问题来了：接下来会发生什么呢？从日常情况来看，无论是西方人一句简单的"哈啰"，还是东方人连续数小时的寒暄，人们在相互问候之后，又会做什么呢？在刺激—饥饿和认知—饥饿之后，又出现了结构—饥饿。青少年常问的问题是："之后你跟她（他）说了什么？"除了青少年，在许多人眼里，没有什么比"社交中断"更令人尴尬的了。在这段沉默、松散的时间里，在场的人想不出比"今晚的墙壁是垂直的"更有趣的话题来。人类的永恒问题是如何安排醒着的时间。从存在主义的角度来看，所有的社会生活，其目的就是提供相互支持。

时间结构的操作要素可以称为程序化，它主要包括三个方面的内容：物质、社会和个人。安排时间最常见、最方便、最舒适、最实用的方法，就是制定一个方案，处理外部现实中的物质，即通常所说的"工作"。这样的方案在技术上称为"活动"。"工作"一词不太合适，因为社会精神病学的一般理论必须认识到，社会交往也是一种"工作形式"。

"物质程序化"发生在处理外部现实时遇到的变迁。只有当这些活动为安抚、认同和其他更加复杂的社交形式提供母体时才有意义。"物质规划"本质上不是社交问题，而是数据处理问题。建造一艘船需要一系列的测量和可行性评估。为了使造船工作顺利进行，任何社会交往都必须处于次要地位。

"社交程序化"导致传统仪式或半仪式地交流，其基本准则是"入乡随俗"，俗称"礼貌"。世界各地的父母都在教给孩子正确的礼仪，这意味着孩子们知道问候、饮食、排泄、求爱和哀悼的恰当仪式，懂得如何收放自如地与他人对话。收放自如体现的是机智和敏锐，其中一些做法具有普遍性，另一些则带有地方色彩。根据某些地方的传统习俗，吃饭时打嗝或问候别人的妻子，有的是可以的，有的则是禁止的。事实上，在这些特定的互动之中存在着高度的反向关联。一般而言，在吃饭时可以打嗝的地方，问候女眷是不明智的；而在可以问候女眷的地方，吃饭时打嗝则是不明智的。通常，正式的仪式先于半仪式性的话题谈话，后者可以称为"消遣"。

随着人们变得越来越熟悉，越来越多的"个体程序化"产生了，各种"事件"也随之而至。从表面上看，这些事件都是偶然发生的，有关各方也是这么认为的。但是仔细观察就会发现，它们都遵循着某些明确的模式，分门别类，而且，这一序列受到潜在规则和规定的约束。根据霍伊尔的理论，只要友好的行为或敌对的行为存在，这些规定就一直潜伏着。但是，如果有人做出非法举动，引起象征性的、口头上的或法律上的"犯规"，这些规定就会显现出来。与消遣相比，这些序列更多的是基于个体规划，而不是社交规划，可以称之为"游戏"。家庭生活、婚姻生活以及各种组织生活，可能基于同一游戏的变化，且年复一年地继续着。

说大部分社交活动包含着游戏，并不意味着游戏很有趣，或有关各方很不严肃。

消遣和游戏是现实生活中亲密关系的替代品。正因如此，它们可能被视为初步接触，而非最终结合。这就是它们带有明显游戏特征的原因。当个体规划（通常是本能）变得异常激烈，亲密关系也就开始了，社会模式和内部限制与动机开始让路。这是唯一一个能够完全满足刺激—饥饿、认同—饥饿和结构—饥饿模式的答案。其原型是爱的浸渍行为。

结构—饥饿和刺激—饥饿具有相同的生存意义。刺激—饥饿和认同—饥饿表明，有必要避免感官和情感的缺乏。结构—饥饿表明，有必要避免无聊，而克尔凯郭尔[9]就曾指出松散时间带来的弊端。如果这种状况持续的时间太长，无聊就会变成情感缺乏的同义词，并会带来相应的后果。

孤独的个体可以通过活动和幻想两种方式来安排时间。有的人，即便待在人堆里，也会感到孤独。这一点，每个教师都知道。作为由两人或多人组成的社会群体中的一员，有多种方法来安排时间。按照复杂程度，分别为：①仪式；②消遣；③游戏；④亲密关系；⑤活动等，共同构成它们的母体。团体中的每个成员都希望，通过与他人的交往，尽可能得到满足。个体越容易接近，就越容易得到满足，且其社交行为的大部分规划都是自动的。由于某些"满意"（如"自我破坏"）是在规划下获得的，因此，很难用一般意义上的"满意"来理解，最好用一些非约束性的术语来代替，如"获得"或"获益"等。

　　社会交往的获益围绕着身体和精神的平衡展开。它们与以下因素有关：①缓解紧张；②避免有害情况；③获得安抚；④维持平衡。生理学家、心理学家和精神分析学家已经对上述几点进行了详细的研究和讨论。用社会精神病学的术语来表述，分别为：①基本的内在获益；②基本的外在获益；③次级获益；④现实获益。前三项与弗洛伊德描述的"疾病获益"相对应，分别是内在妄想症获益、外在妄想症获益和有害获益。[10] 经验表明，从获益（而非防御）的角度来看待社会交往，更实用，更有启发性。首先，最好的防御是没有任何社会交往；其次，"防御"只包含前两类的部分获益；其余的获益，连同第三类和第四类获益，都被这种观点忽略了。

　　最令人满意的社交形式是游戏和亲密关系，不管它们是否包含在活动序列当中。至于重要的社会交往，最常见的形式是游戏，这也是我们在此重点关注的话题。与时间结构有关的更多信息，请参阅作者撰写的群体动力学著作。[11]

注释：

1. Berne, E. *Transactional Analysis in Psychotherapy*. Evergreen, 1961.

2. Spitz, R. "Hospitalism: Genesis of Psychiatric Conditions in Early Childhood", *Psychoanalytic Study of the Child*, 1: 53–74, 1945.

3. Belbenoit, Rene. *Dry Guillotine*. Cape. 1938.

4. Seaton, G. J. *Scars on my Passport*. Hutchinson, 1951.

5. Kinkead, E. *Why They Collaborated*. Longmans, 1960.

6. French, J. D. *The Reticular Formation*. Scientific American, 196:54–60, May 1957.

7. The "colloquialisms" used are those evolved in the course of time at the San Francisco Social Psychiatry Seminars.

8. Levine, S. "Stimulation in Infancy". *Scientific American*, 202: 80–86, May 1960.

   Levine, S. *Infantile Experience and Resistance to Physiological Stress*. Science, 126:405, 30 August 1957.

9. Kierkegaard, S. *A Kierkegaard Anthology* (ed. R. Bretall). Princeton University Press, 1947, pp. 22ff.

10. Freud, S. *General Remarks on Hysterical Attacks*. Standard Edn, n. Hogarth Press, London, 1955.

    Freud, S. *Analysis of a Case of Hysteria*. ibid., VI, 1953.

11. Berne, E. *The Structure and Dynamics of Organizations and Groups* Pitman Medical, 1963.

目 录

- -

第一部分

游戏分析

第一章

结构分析

通过观察人们在社交活动中的自发行为（大多是在某些心理治疗小组中进行的，且十分有效）可以发现，人们在姿态、观点、声音、词汇及其他行为方面不时表现出明显的变化。上述行为的变化通常伴随着情感的变化。就特定的个体而言，一组行为模式对应着一种精神状态，另一组行为模式对应着另一种精神状态。通常，后者与前者有所不同。这些变化和差异产生了"自我状态"的概念。

在技术语言中，自我状态在现象上可以描述为一种连贯的感觉系统，在操作上可以描述为一组连贯的行为模式。用通俗的话来说，自我状态是一套与相关行为模式相伴的感觉系统。每个人似乎都有一个有限的自我状态系统，它并非一组不同的角色，而是一种心理现实。这一系统可以分为以下几种类别：①类似父母形象的自我状态；②自动对现实进行客观评价的自我状态；③过去遗留下来、依旧活跃且固定在幼儿期的自我状态。从技术上讲，它们可以称为"外在精神的自我状态""现今精神的自我状态"和"早期精神的自我状态"。通俗地说，可以将其称为"父母自我状态""成人自我状态"和"儿童自我状态"。除了最为正式的场合之外，这些简单的术语适用于各种讨论。

我们认为，在任何特定时刻，社会群体中的每个个体都会表现出父母自我状态、成人自我状态或儿童自我状态。而且，每个个体都可以在不同程度上从一种自我状态转变为另一种自我状态。这些观察结果给我们带来了某些诊断说明。"那是你的父母状态"意味着"你现在的精神状态和你父母（或父职人物／母职人物）当年的精神状态一样，有着同样的姿势、手势、词汇、感觉等"；"那是你的成人状态"意味着"你刚刚对情况做出了独立客观的评估，并以公正的方式陈述了你的思维过程、你所理解的问题或你所得出的结论"；"那是你的儿童状态"意味着"你的目的和反应方式与小时候一模一样"。

其含义在于：

（1）每个人都有自己的父母（或父职人物／母职人物）；他的自我状态再现了父母当年的自我状态；父母的自我状态能在特定的情况下激活（即外在心理功能）。通俗地说，"每个人的心中都住着自己的父母"。

（2）每个人（包括儿童、智力迟钝者和精神分裂症患者），在自我状态激活的情况下，都能够进行客观的信息处理（即现今精神功能）。通俗地说，"每个人的心中都住着一个成人"。

（3）每个人都年轻过，心里都存留着早年生活的影子，在特定情况下，可以激活（即早期精神功能）。通俗地说，"每个人的心中都住着一个儿童"。

此处，不妨用图展示一下。图1（A），叫作结构图。从目前的观点来看，该图可以展示个体的完整人格，包括他的父母自我状态、成人自我状态和儿童自我状态。三种状态完全不同，前后不一，相互独立。对于一个经验不足的观察者来说，这种区别起初可能并不明显。不过，愿意钻研结构诊断的人很快就会发现，这种区别十分突出，又非常有趣。图1（B）是该结构图的简化形式。（原文中 parent、adult、child 三个单词反复出现。出于行文考虑，首字母小写的代表"父母""成人"和"儿童"；首字母大写的代表"父母自我状态""成人自我状态"和"儿童自我状态"。由于英汉两种语言的差别，首字母小写的译为"父母""成人"和"儿童"；首字母大写的译为"父母自我状态""成人自我状态"

和"儿童自我状态"。——译者注）

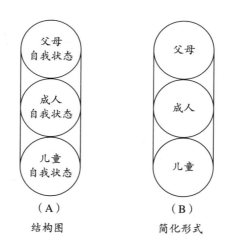

图 1　结构图

在结束结构分析这一话题之前，还要提及一些容易混淆的概念。

（1）结构分析中从来不使用"孩子气"这个字眼儿，因为它"不受欢迎"的意味太浓，是一种需要立即停止或者摆脱的东西。因此，在描述"儿童自我状态"这种早期的自我状态时，我们会使用"孩子般的"或"孩子似的"这一说法，因为它们更具生物性，不带任何偏见。事实上，在许多方面，儿童自我状态是个性中最有价值的部分，其对个人生活的影响就像现实中的孩子对家庭生活的影响一样，充满魅力与快乐，富有创造性。如果个体的儿童自我状态非常混乱，很不健康，那么，后果可能十分不幸。不过，对此我们应该做些什么，也完全可以做些什么。

（2）"成熟"和"不成熟"这两个字眼儿也是一样的。在这个体系中，根本不存在"不成熟的人"这种现象。不过，有些人儿童自我状态的发展占据上风。但是，不管怎样，这些人都有一个完整的、结构良好的成人自我状态，有待发现或激活。相反，所谓"成熟的人"，指的是他们能在大部分时间里保持或控制成人自我状态。但是，他们的儿童自我状态，也像其他人一样，偶尔会占据上风并常常带来令人不安的后果。

（3）需要注意的是，父母自我状态有两种表现形式：直接的和间接的。也就是说，一种是主动的自我状态，另一种是被动的自我状态。当它呈主动状态时，个体的反应就像父母的实际反应一样（"照我做的去做"）。当它呈被动状态时，个体的反应会像父母期待的那样（"不要照我做的去做，照我说的去做"）。在第一种情况下，个体成为他们中的一员；在第二种情况下，个体努力适应父母的要求。

（4）儿童自我状态也有两种表现形式：适应型儿童和自然型儿童。适应型儿童受父母影响，刻意去模仿父母的行为。他的一举一动完全像父母所期待的那样，如顺从或早熟等；或者，通过退缩或抱怨，使自己尽量适应。因此，父母影响是因，适应型儿童是果。自然型儿童是一种自发的表现，如反叛精神或富有创造力等。结构分析在酒精中毒的结果中得到了证实。通常是，首先解除父母自我状态的控制，随后，适应型儿童才能摆脱父母的影响，释放天性，转化为自然型儿童。

就人格结构而言，有效的游戏论分析无须超越上述内容。

自我状态是正常的生理现象。人脑是精神生活的器官或组织者，其产品是以自我状态的形式组织和储存的。彭菲尔德及其同事的发现已经为此提供了实证。[1, 2]当然，还有其他层面的储存系统，如事实记忆。不过，经验本身的自然形式表现为不断变化的精神状态。对人体组织来说，每一种自我状态都有其重要的价值。

儿童自我状态中存在着直觉[3]、创造力、自驱力和乐趣。

成人自我状态是生存所必需的。它能够处理信息，能够计算出与外界打交道的效率及成功概率。成人自我状态还要经历自身的挫折与满足。例如，想要穿越一条繁忙的高速公路，需要处理一系列复杂的速度数据；只有当计算表明可以安全到达对面时，才会采取行动。类似计算的成功给人带来了满足感，于是便有了滑雪、飞行、航海等运动所带来的乐趣。成人自我状态的另一个任务，是管控父母自我状态和儿童自我状态之间的活动，对其进行客观调解。

父母自我状态有两个主要功能。其一，它能使个体作为孩子的父母开展有效活动，从而确保人类的延续。其在这方面的价值体现在抚养孩子的过程中。幼年时失去双亲的孤儿似乎比平稳进入青春期的幸运儿更为艰难。其二，父母自我状态可以做出许多自动反应，从而保存了大量的时间和精力。许多事情之所以那么做，是因为"就应该那么做"。这样，就可以避免成人自我状态做出无数琐碎的决定，使其把精力放在更重要的事情上面，从而把日常事务留给父母自我状态。

因此，人格的这三个方面都有很高的生存价值。只有当其中的一个方面打破了健康平衡时，才有必要进行分析和重组。否则，三种自我状态都有权得到平等的尊重，并在充实丰富的生活中拥有合法的地位。

注释：

1. Penfield，W. "Memory Mechanisms". *Archives of Neurology & Psychiatry*，67：178–198，1952.

2. Penfield，W. and Jasper，H. *Epilepsy and the Functional Anatomy of the Human Brain*. Churchill，1954，Chapter 11.

3. Berne，E. "The Psychodynamics of Intuition". *Psychiatric Quarterly*，36：294–300，1962.

第二章

沟通分析

社会交往的单位叫作沟通。两个或两个以上的人在社交场合相遇，其中一个迟早会开口说话，或者以其他方式确认他人的存在，这叫作"沟通刺激"。另一个人会说出或做出一些与这种刺激有关的事情，这叫作"沟通反应"。简单的沟通分析，是要诊断出哪种自我状态发出了沟通刺激，哪种自我状态做出了沟通反应。最简单的沟通，指的是刺激和反应都来自成人自我状态。比如，施动者根据经验推测出手术刀是眼前的首选工具之后，伸出手来。回应者正确评估了这个姿势，估测出所涉及的力和距离，将手术刀的刀柄准确地放在了外科医生所期望的地方。还有儿童自我状态与父母自我状态之间的沟通。发烧的孩子想喝水，慈爱的母亲拿给他喝。

这两种沟通是互补的。也就是说，回应是恰如其分的，也是符合预期的，因为它遵循了健康人际关系的自然法则。第一种类型为"互补型沟通 I"，如图 2（A）所示；第二种类型为"互补型沟通 II"，如图 2（B）所示。然而，显而易见的是，沟通往往是连锁反应，也就是说，每个反应都是对刺激的回应。沟通的第一条法则是，只要沟通是互补的，就会顺利进行下去。结果是，从原则上讲，只要沟通是互补的，就可以无限期地进行下去。这些法则独立于沟通的性质和内容，完全取决于相关矢量的方向。只要沟通是互补的，那么，无论双方是在进行批判性的闲聊（父母自我状态——父母自我状态）、在解决什么问题（成人自我状态——成人自我状态），还是在一起玩耍（儿童自我状态——儿童自我状态或父母自我状态——儿童自我状态），都与法则无关。

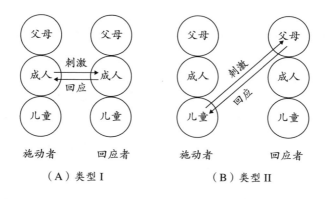

图 2　互补型沟通

相反的法则是，一旦出现"交叉型沟通"，交流就会中断。最常见的交叉型沟通，是无论在婚姻、爱情、友谊还是在工作中，总能导致社交困难的沟通。这种类型叫作"交叉型沟通I"，如图 3（A）所示。这种类型的沟通是心理治疗师关注的焦点，并因精神分析的经典情感转移成为典型特点。刺激是成人自我状态与成人自我状态之间的沟通。例如，"也许，我们应该弄清楚你最近越喝越多的原因"，或者，"你知道我的袖扣在哪里吗？"无论哪种情况，成人自我状态与成人自我状态之间最贴切的回答应该是："也许，我们应该谈谈。我当然想知道！"或者，"在桌子上"。然而，如果回应者突然发火，其反应应该是这样的，"你总是批评我，跟我父亲一模一样"，或者，"你总是挑我的毛病"。两者都是儿童自我状态与父母自我状态之间的沟通。正如沟通图所示，矢量出现了交叉。在这种情况下，成人自我状态有关饮酒或袖扣的问题必须暂停解决，直到矢量重新得到调整。比如，花几个月的时间解决饮酒问题，或者花几秒钟的时间解决袖扣问题。要么是施动者转化为父母自我状态，作为回应者突然激活的儿童自我状态的补充；要么是回应者的成人自我状态再次激活，作为施动者成人自我状态的补充。如果在讨论洗碗时女仆表示反感，那么，围绕这一话题的成人自我状态与成人自我状态之间的沟通就结束了。接下来，只能是儿童自我状态与父母自我状态之间的对话，或者讨论另一个成人自我状态的话题，也就是她是否能够保住眼前这份工作的问题。

与"交叉型沟通 I"相反的情况，如图 3（B）所示。这是心理治疗师所熟悉的"反情感转移"现象。在这种情况下，患者进行客观的成人自我状态观察，而治疗师则像父母对孩子说话一样进行"矢量交叉"。这属于"交叉型沟通 II"。比如，在日常生活中，你常常听到这样的对话。如果有人问："你知道我的袖扣在哪里吗？"可能会得到这样的回

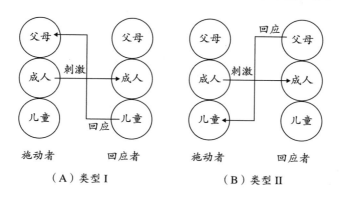

图 3　交叉型沟通

答:"你为什么不保管好自己的东西呢? 你已经是大人了。"

图4中的"关系模型"显示了施动者和回应者之间社交行为的九种矢量,具有一些有趣的几何学(拓扑学)特点。"心理平等"之间的互补沟通用(1-1)2、(5-5)2和(9-9)2表示。另外三种互补沟通用(2-4)(4-2)、(3-7)(7-3)和(6-8)(8-6)表示。交错沟通的其他组合形式在图表中大都显示为交叉。例如,(3-7)(3-7)意味着两个人无语凝视。如果双方均不让步,沟通就结束了,结果是分道扬镳。最常见的解决方案是其中一人让步,

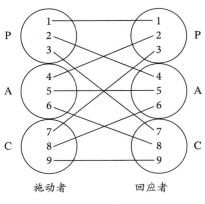

图4 关系模型

接受（7－3）模式，由此诞生了一种"喧闹"的游戏。更好的解决方案是（5－5）2。在这种情况下，双方大笑，握手言和。

简单的互补沟通常见于表面的工作关系和社交关系中，极易受简单的交错沟通干扰。事实上，表面关系是局限于简单的互补沟通的一种关系。这种关系一般出现在活动、仪式和消遣当中。比较复杂的是"隐匿沟通"。隐匿沟通同时包含两个以上的自我状态参与的活动，构成了游戏的基础。推销员尤其擅长涉及三种自我状态的"三角沟通"。

下面的交流展现的是一个真实但充满戏剧性的销售游戏的例子：

推销员："这个好一点，但是，你买不起。"

家庭主妇："那我还非它不可了。"

对该沟通的分析，见图5（A）。该推销员的成人自我状态陈述了两个客观事实："这个好一点"和"你买不起"。表面上看，或者说，就社交层面来看，这些话是指向家庭主妇的成人自我状态的，其成人自我状态可能会回答说："你在这两点上都是对的。"然而，另一个隐匿的（或者说心理上的）矢量是由训练有素、经验丰富的推销员的成人自我状态指向家庭主妇的儿童自我状态的。其正确的判断表现在家庭主妇儿童自我状态的回答上。她的意思是说，"无论经济状况如何，我都要向那个傲慢的家伙证明，我和他的其他顾客一样优秀"。两个层面的沟通是互补的，因为她的回答从表面上看被视为成人自我状态的一份买卖合同。

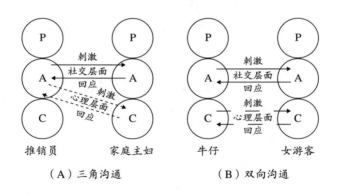

图 5　隐匿沟通

双重隐匿沟通包括四种自我状态，一般出现在暧昧游戏中。

牛仔："来看看我的谷仓。"
女游客："我从小就喜欢谷仓。"

如图 5（B）所示，在社交层面，这是成人自我状态之间关于谷仓的谈话。但是，在心理层面，这是双方儿童自我状态之间有关游戏的对话。从表面上看，成人自我状态似乎处于主导地位。但是，在大多数游戏中，结局是由儿童自我状态决定的。参与者可能会因此得到惊喜。

第三章

程序和仪式

沟通一般是按照序列进行的。序列不是随机的，而是程序化的。程序化可能来自下面三大源头之一：父母自我状态、成人自我状态和儿童自我状态，或者，更笼统地说，来自社会、物质或特性。出于适应的需要，儿童自我状态必须由父母自我状态或成人自我状态保护起来，直到每一个社交情境都得到尝试。儿童自我状态的程序化最易发生在隐私和亲密的情境中。而在这种情境中，初步的尝试业已完成。

最简单的社交活动形式是程序和仪式。有一些是普遍性的，也有一些是地方性的。但是，无论如何，都需要学习。程序是一系列简单互补的成人自我状态的沟通，直接指向对现实的操纵。现实包括两个方面：静态的和动态的。静态现实包括宇宙中所有可能的物质排列。例如，算术是由一系列静态现实的陈述组成。动态现实是指宇宙中所有能量系统相互作用的潜能。例如，化学是由一系列动态现实的陈述组成。程序是以信息处理和对现实材料的概率估计为基础的，并且，在专业技术方面达到了最高水平。驾驶飞机和切除阑尾都是程序。心理治疗，如果是处于治疗师成人自我状态的控制之下的，便是程序；如果是处于父母自我状态或儿童自我状态的控制之下的，便不是程序。程序的设计是由材料决定的，其基础是施动者成人自我状态所做的评估。

评估程序时，通常使用两个变量。一个是程序的有效性。也就是说，无论施动者在知识方面存在什么缺陷，只要他能充分利用手头的信息和自身的经验，程序就是有效的。如果他的父母自我状态或儿童自我状态干扰了其成人自我状态在信息方面的处理，那么，程序就会受到"污染"，效率就会降低。程序的有效性是由实际结果来判断的。因此，效率是一个心理标准，有效性是一个物质标准。例如，在某个热带岛屿上，有一名土生土长的助理医师，他的特长是做白内障手术。他在知识的运用方面效率很高。可是，由于他的业务水平没有欧洲医师高，因此，治疗效果也就没那么理想了。后来，那名欧洲医师开始酗酒，效率随之下降了。只不过一开始，治疗效果还没有受到多大影响。但是，随着时间的推移，他的双手开始颤抖。结果，他的这个土生土长的助手不仅在效率上，而且在有效性上，都开始超过他了。从这个例子可以看出，这两个程序变量最好由相关专家来评估。也就是说，由熟悉施动者的专家来评估效率，通过调查实际结果来评估有效性。

从目前的观点来看，仪式是由外部社交力量程序化的一系列简单、固定的互补型沟通。一个非正式的仪式，如社交场合的告别，可能会在细节上有相当大的地域差异，但是，基本形式仍保持不变。一个正式的仪式，如罗马天主教的弥撒，差异就不是很大。仪式的形式是由传统决定的。新近出现的一些"父母"的影响，可能在琐碎的事情上极其相似，但效果则不尽相同。一些具有特殊历史意义或人类学意义的正式仪式有两个阶段：①父母严格控制的阶段；②父母完全放手的阶段。在后一阶段，儿童或多或少享受完全的沟通自由。

许多正式的仪式一开始受到严重污染，不过，程序还算有效。但是，随着时间的推移和环境的变化，它们在保留信仰行为作用的同时，失去了所有程序的有效性。从沟通的角度来看，它们体现了对传统习俗的遵守，即洗清罪恶，得到福报，同时，提供了一种令人安心、愉快，十分安全的安排时间的方法。

非正式的仪式对于了解游戏分析尤为重要。

1A：“嗨！”（你好，早上好。）

1B：“嗨！”（你好，早上好。）

2A：“天气暖和了。”（你好吗？）

2B：“是啊。不过，看来要下雨了。”（很好。你呢？）

3A：“嗯，保重。”（很好。）

3B：“回头见。”

4A：“再见。”

4B：“再见。”

  显然，这种交流并不是为了传递信息。事实上，如果真有什么信息的话，也给巧妙地隐匿起来了。A 先生可能需要15 分钟才能把自己的状况说完。可是，B 先生，作为一个泛泛之交，无意花那么多时间听他说完。这一系列沟通称为“八句话安抚仪式”。如果 A 和 B 都很匆忙，“两句话安抚仪式”（即嗨——嗨）就足够了。然而，用沟通分析的行话来说，A 和 B 彼此改善了对方的健康状况。至少，在那一刻，“他们的脊髓不会萎缩”，而且，双方都会因此感激不尽。

该仪式基于双方仔细的直觉计算。他们认为，在这个阶段，每次见面都要安抚对方四句话，前提是，每天只见一次面。如果很快又要见面（比如说半小时后），且没有什么别的要说的，他们会默默地擦肩而过，或微微点头，最多也就是敷衍一句：嗨——嗨。这些计算不仅适用于较短的时间，也适用于几个月的间隔。比如，C先生和D先生每天见一次面，互相问安（嗨——嗨），然后，各忙各的。后来，C先生外出度假一个月。他回来的第二天，像往常一样，遇到了D先生。在这种情况下，如果D先生只是说一声"嗨！"，C先生就会感到不快。这时，"他的脊髓就会稍微萎缩"。根据他的计算，D先生和他每人大概要安抚对方30句话。当然，如果彼此安抚的话语很有分量，可以压缩成几句。D先生十分得体地说了类似下面的话（其中，每一个单位的"强度"或"兴趣"相当于一个"安抚"）：

1D："嗨！"（一个单位）

2D："最近很少见到你啊。"（两个单位）

3D："哦，怪不得。你去哪儿了？"（五个单位）

4D："太有意思了！怎么样了？"（七个单位）

5D："噢，你看起来气色不错。"（四个单位）"你和家人一起去的吗？"（四个单位）

6D："哦，看到你回来很高兴。"（四个单位）

7D："再见。"（一个单位）

这样，D 先生一共说了 28 个单位。他和 C 先生都知道，他将在第二天补上遗漏的单位。所以，出于现实考虑，账目算是结清了。两天后，他们将恢复到从前的两句话安抚模式：嗨——嗨。但是现在，他们"加深了对彼此的了解"。也就是说，他们都知道对方是靠得住的。而且，如果他们在"社交场合"碰面，这样的模式照样有用。

相反的例子也值得考虑。E 先生和 F 先生建立了两句话的安抚仪式：嗨——嗨！有一天，他们见面了。E 先生并没有默默走过，而是停下来，问道："你好吗？"整个对话如下：

1E："嗨！"

1F："嗨！"

2E："你好吗？"

2F：(迷惑不解)"很好。你呢？"

3E："都挺好的。今天挺暖和的。"

3F："是的。"(慎重地)"不过，好像要下雨了。"

4E："又见到你了，真高兴。"

4F："彼此彼此。不好意思，我得去图书馆了，待会儿就关门了。再见。"

5E："再见。"

当F先生匆匆离去时，E先生自言自语道："他怎么突然变成这样了？是在卖保险呢，还是别的什么？"用沟通术语翻译一下，就是："他给我一个安抚就够了，怎么给了我五个呢？"

再举一个更为简单的例子，说明这些简单仪式的商务特征和沟通特性。比如，G先生跟H先生说"嗨！"，而H先生毫无反应地走过去了。G先生的反应是："他这是怎么了？"意思是说："我给了他一个安抚，他怎么不回应我呢？"如果

H先生继续如此，而且，对其他人也是一样，那么，他会在社交圈里引起大家的议论。

在案例中，有时很难区分程序和仪式。外行常将专业程序称为仪式。实际上，每一次沟通都可能建立在健全的甚至是至关重要的经验之上。但是，外行缺少常识，认识不到这一点。相反，专业人士常将附着在程序上的仪式元素合理化，并对持怀疑态度的外行不理不睬，理由是他们根本无法理解。保守的专业人士反对引进新的合理程序，其方法之一是将其视为仪式，并一笑置之。至此，塞梅尔韦斯及其他创新者的命运便不难理解了。

程序和仪式的本质十分类似，即都有固定的模式。沟通一旦开始，整个序列是可以预测的，并会遵循预先确定的过程，得出预先确定的结论，除非出现特殊情况。二者之间的区别在于预先确定的起源：程序是成人自我状态程序化的结果，而仪式则是父母自我状态模式化的结果。

对仪式感到不习惯或不擅长的个体，有时会通过替代程序来逃避它们。比如，他们常常会在聚会上帮助女主人准备或提供食物和饮料。

第四章　消遣

消遣发生在复杂程度不同的社会母体和时间矩阵中。然而，如果我们把沟通作为社会交往的单位，就可以从适当的情境中剖析出一个可以称为"简单消遣"的实体。换言之，那是一系列半仪式性的、简单的、互补的沟通，它围绕着一个单一的物质领域，主要目的是构建一个时间间隔。间隔的开始和结束通常由程序或仪式明显地表示出来。为了使各方在间隔中得到最大的收益，沟通被相应地程序化了。个体的适应性越好，从中得到的益处就越多。

消遣通常发生在聚会（"社交聚会"）上或正式小组会议开始前等待的时间里。会议"开始"前的等待时间与"聚会"具有相同的结构和动态。消遣可以采取"闲聊"的形式，也可以像"辩论"一样严肃。大型鸡尾酒会通常成为展示消遣的长廊。在房间的一个角落里，几个人在模拟"家长教师协会"；在另一个角落里，是"精神病学"论坛；第三个角落，是正在上演着"曾经"和"后来"的剧院；第四个角落，是"通用汽车"论坛；妇女们在自助餐厅里谈论着"厨艺"或"时装"。这类聚会的过程几乎是完全一样的，只是名称有所不同。十几场类似的聚会可能在一个地区同时进行着。而在另外十几个地方，不同社会层次、不同消遣方式的聚会也在同步进行着。

消遣有不同的分类方式。外部决定因素属于社会学范畴（性别、年龄、种族、婚姻状况、文化程度或经济状况）。"通用汽车"（汽车研究）和"谁赢了"（体育运动）属于"男性话题"；"日用百货""厨艺"和"时装"属于"女性话题"（南太平洋地区称其为"玛丽话题"）；"亲热"属于"青少年话题"；"资产负债表"属于"中年人话题"。其他的都属于各种各样的"闲聊"，比如："如何"（着手做某事），这是短途飞机旅行的热门话题；"多少钱"（费用是多少），这是中下层酒吧里最喜欢的话题；"曾经"（一些怀旧的地方），这是中产阶层游戏老手（如推销员）喜欢的话题；"你知道（某某某）吗？"这是孤独者的话题；（好人老乔）"后来怎么样了"，这通常是经济上的成功者和失败者的话题；"晨间追思"（宿醉）和"马提尼酒"（我知道一种好办法），这是典型的雄心勃勃的年轻人所热衷的话题。

结构—沟通的分类是比较个人化的。因此，"家长教师协会"可以在三个层次上进行。在儿童自我状态——儿童自我状态层面上，它采取的是"如何对付固执的父母"的形式；在成人自我状态——成人自我状态层面上，"家长教师协会"本身颇受年轻的知识母亲的欢迎；年纪较大的人常常采取"青少年犯罪"这种教条的父母自我状态——父母自我状态。一些已婚夫妇玩的是"告诉他们，亲爱的"这样的游戏。其中，妻子是父母自我状态，丈夫则像一个早熟的孩子。同样，"妈，瞧，没有手"是另一种适合所有年龄的儿童自我状态——父母自我状态的消遣。有时，也给怯生生地改成了"嘿嘿，伙计"。

更有说服力的是消遣的心理学分类。例如，"家长教师协会"和"精神病学"都可以以投射或内省的形式进行。"投射型的家长教师协会"的分析，如图6（A）所示，它是基于以下父母自我状态——父母自我状态的范式：

A：要不是因为家庭破碎，就不会有这么多的少年犯罪。

B：不仅如此，即使是在完整的家庭里，孩子也没有接受以往那样的礼貌教育。

"内省型的家长教师协会"遵循以下原则（成人自我状态——成人自我状态）：

C：我好像并不具备做母亲的条件。

D：不管你怎么努力，都不会像你期望的那样成长。所以，你要不断地问自己：你正在做的事情是否正确？哪些地方出了问题？

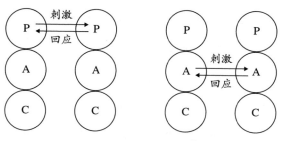

（A）投射型的家长教师协会
　　青少年犯罪

（B）投射型的精神病学
　　精神分析

图6　消遣

"投射型的精神病学"采取的是成人自我状态——成人自我状态的形式：

E：我想，是因为一些无意识的口舌上的落败，才使他那样做的。

F：你似乎把你的攻击行为说得高大上了。

图6（B）代表的是另一种成人自我状态——成人自我状态的消遣——投射型的精神病学。

G：那幅油画是对我的诽谤。

H：就我而言，画面是为了取悦父亲。

除了安排时间和为有关各方提供均能接受的安抚以外，消遣的另一个功能是社交选择。消遣进行当中，每个参与者的儿童自我状态都在观察评估其他参与者的潜力。消遣结束时，每个人一方面会选择一些自己喜欢的参与者，另一方面会放弃其他一些参与者，不管后者在消遣过程中表现得如何周到，如何热情。他所选择的人都是那些看起来最有可能成为复杂关系——游戏关系——的候选人。这一分类体系，无论多么合理，在很大程度上都是无意识和直觉的。

在特殊情况下，成人自我状态会凌驾于儿童自我状态之上。这一点在努力学习社交消遣的保险推销员身上表现得最为明显。在消遣过程中，他的成人自我状态会仔细倾听，并从参与者中选出潜在的委托人。那些人在消遣中的技能和情趣与他的选择毫无关系。选择的标准，在大多数情况下，是基于外部因素。就此例而言，是基于经济状况。

然而，消遣有一个非常特殊的方面，即排他性。比如说，"男性话题"和"女性话题"不能混为一谈。沉浸在"曾经"话题中的参与者会因为"多少钱"和"晨间追思"参与者的介入而大为光火。"投射型的家长教师协会"反对"内省型的家长教师协会"的介入。当然，如果情况倒过来，反应便不会那么强烈。

消遣构成了选择熟人的基础，结果可能会产生友谊。比如，一群妇女每天早上聚在彼此家中喝咖啡，其讨论的话题是"不良丈夫"。如果此时新来的邻居想聊的话题是"单面煎蛋"，那么，她很可能会受到冷遇。如果她们说自己的丈夫十分平庸，而新来的邻居却说自己的丈夫很了不起，非常完美，那么，她们便会感到不安，很快就会把新来的邻居打发走。因此，在鸡尾酒会上，如果有人想从一个角落换到另一个角落，他要么能很快融入新的角落，要么能成功地切换话题。当然，一个好的女主人会很快掌控局面，说："我们正在进行'投射型的家长教师协会'。你们有什么看法？"

消遣的另一个重要益处是角色的确认和立场的稳定。此处的"角色"有点类似荣格所说的"人格"，只是少了些投机的成分，更多的是根植于个人的幻想之中。因此，在投射型的家长教师协会上，四个人可以扮演四个不同的角色：严厉的父母自我状态、正直的父母自我状态、宽容的父母自我状态和乐于助人的父母自我状态。这四个角色都经历并展示了父母自我状态，但每个人又都代表着不同的自己。如果一个角色占了上风，也就是说，如果这个角色没有遇到对抗，或者因为对抗而变得强大，或者得到了某类人的安抚和认可，那么，这个角色就会得到确认。

角色的确认稳定了个体的立场，这就是所谓的消遣的益处。立场是一个简单的声明，影响着个体的所有沟通行为。从长远来看，它决定了他的命运，通常也决定了他后代的命运。立场在一定程度上是绝对的。投射型的家长教师协会的典型立场是："所有孩子都是坏孩子""其他孩子都是坏孩子""所有孩子都不开心""所有孩子都受到迫害"。这些立场可能分别出自严厉、正直、宽容和乐于助人的父母自我状态。事实上，立场主要源于个体的心态。正是有了这样的心态，个体才能进行沟通，从而形成自己的角色。

令人惊讶的是，立场出现得很早，也早早地固定下来了。一般而言，是从人生的第二年（甚至是第一年）到第七年，也就是说，早在个体有足够的能力或经验做出严肃的担当之前。所以，通过个体的立场来推断其拥有怎样的童年并非难事。除非受到某人或某事的干扰，否则，个体会用尽余生的精力来稳固自己的立场，处理威胁自己立场的情况，即避开或抵挡这些人或事，使其由威胁变成正当理由。消遣之所以千篇一律，是因为其服务的目的一成不变。但是，消遣的收益说明了为何人们如此热衷于它，为何与积极上进的人一起消遣会变得如此惬意。

消遣与活动并非总能轻易区分开。事实上，它们经常混在一起。许多常见的消遣（如"通用汽车"）就含有心理学家所说的"多项选择——完成句子"之类的交换。

　　A. 与某一款福特/雪佛兰/普利茅斯相比，我更喜欢另一款福特/雪佛兰/普利茅斯，因为……

　　B. 嗯。与某一款福特/雪佛兰/普利茅斯相比，我宁愿要另一款福特/雪佛兰/普利茅斯，因为……

　　很明显，这种刻板的印象，实际上，可能已经传递了一些有用的信息。

　　还有一些常见的消遣方式也值得一提。"我也是"通常是"糟透了"的变体。"他们为什么不（做点什么）"是那些不想得到解放的家庭主妇的最爱。"然后，我们会"是一种儿童自我状态——儿童自我状态的消遣。"找（点事做）"是少年犯或不良成人的消遣。

第五章

游戏

1. 定义

游戏是一系列持续进行的互补式隐匿沟通，其结果是非常明确的，是可以预测的。从描述的角度来看，游戏是一系列经常重复、反复再现的沟通。从表面上看，似乎合理；实际上，却暗含动机。或者，更通俗地讲，游戏是一系列含有陷阱或机关的动作。游戏通过两个主要特征与程序、仪式和消遣区分开：①隐匿特征；②受益。程序可能是成功的，仪式可能是有效的，消遣可能是有益的，但它们显然都是真实的。它们可能涉及竞争，但不会引发冲突。另一方面，每一个游戏基本上都是不真实的，其结局不仅是令人兴奋的，同时，也是富有戏剧性的。

游戏与迄今为止尚未讨论的一种社交活动还有待区分。"运作"是一种简单的沟通，是一套为达到特定目的而进行的沟通。如果有人十分坦率地寻求安慰，并得到满足，那么，这便是一种运作。如果有人寻求安慰，在得到后以某种方式对给予者造成不良影响，那么，这便是游戏。从表面上看，游戏似乎是一系列的运作。但是，游戏结束之后，可以发现，这些"运作"是真正的策略和手段。游戏不是真实的需要，而是欺骗性的操作。

例如，在"保险游戏"中，无论代理人谈话的表面内容是什么，他实际上是在努力寻找潜在的委托人。如果他称职的话，他所追求的是"大赚一笔"。这一点同样适用于"房地产游戏""睡衣游戏"和类似的职业。因此，在社交聚会上，当推售员忙于消遣（特别是"资产负债表"之类的东西）时，他的热情参与可能隐藏着一系列巧妙的策略，以此得到业务上感兴趣的信息。许多行业杂志专攻商业策略的改进，且大肆报道杰出的游戏和玩家及其大宗业务。从沟通的角度来说，这些仅仅是《体育画报》《象棋世界》和其他体育杂志的变体。

就三角沟通而言，在成人自我状态控制下精心设计、以牟取利益最大化为目的的游戏——盛行于20世纪初期的大"骗局"，无论是在实际规划方面，还是在心理技巧方面，都很难超越。

然而，我们在这里所关注的，是无辜的人在毫无察觉的情况下、在双向沟通中所玩的无意识的游戏，而这类游戏构成了全世界社交生活最重要的部分。由于这类游戏具有动态的特点，因此，极易与单纯的静态态度区分开来，而静态态度则是立场的产物。

"游戏"一词的运用不应引起误解。正如本书引言中所解释的那样，游戏不必好玩，不必有趣。就像阿瑟·米勒在他的戏剧《推销员之死》中明确指出的那样，许多推销员并没有觉得自己的工作有趣。游戏里不乏严肃的要素。

"玩"这个词也是一样，任何长期"玩牌"或"玩股市"的人都可以做证。"游戏"和"玩"的严肃程度及其可能带来的严重后果为人类学家所熟知。有史以来最复杂的游戏，即司汤达在《巴马修道院》中描述的"朝臣"游戏，是极其严肃的。

2. 典型的游戏

配偶之间最常见的游戏俗称"要不是因为你"，这个可以用来说明游戏的总体特征。

怀特太太抱怨说，丈夫严重限制了她的社交活动，因此，她从未学过跳舞。精神治疗使她的心态发生了变化。她丈夫也变得不那么专断了，也学会宽容了。此后，怀特太太的活动范围渐渐扩大了。她报了舞蹈班，却绝望地发现，自己对舞池有一种近乎病态的恐惧，最终，不得不放弃这个计划。

这次不幸的经历，以及一些类似的经历，暴露了她婚姻中的一些重要方面。在众多追求者中，她选择了一个盛气凌人的男人做丈夫。她完全有资格抱怨说："如果不是因为你，我可以做很多事情。"她的许多女性朋友也嫁给了盛气凌人的丈夫。每当她们见面喝早茶时，便花很长时间一起玩"如果不是因为他"的游戏。

然而，事实证明，与她的抱怨相反，她的丈夫着实为她做了一件大好事。那就是，不让她去做她害怕的事情，甚至不让她意识到她的恐惧。这就是她当年在儿童自我状态下十分聪明地选择了这样一个丈夫的原因。

但是，事情远不止如此。他的禁令和她的抱怨经常引发争吵，使他们的生活受到了严重影响。因为感到内疚，丈夫经常给她买一些平时不可能买的礼物。后来，她得到了更多的自由，礼物自然也就没有那么频繁了，也没有那么高档了。除了料理家务和照顾孩子外，她和丈夫之间没有什么共同之处。因此，两人的争吵反而变成了重要的事情。主要是，唯有在这样的场合，他们才能多少说上几句话。无论如何，她的婚姻生活证明了一个她始终坚持的观点：男人都很自私，都很霸道。事实证明，这种态度与早年一直困扰她的遭受虐待的白日梦有关。

笼统地讲，这个游戏有多种描述方式。显然，它属于社会动力学的范畴。其基本事实是，怀特夫妇通过结婚获得了相互交流的机会，这种机会可以称为社会交往。他们利用这个机会，使家庭成为一个社会集合体。这一点与纽约地铁的情形恰恰相反。那里的人们有空间上的联系，但却很少利用这个机会，因此，形成了一个反社会集合体。怀特一家对彼此行为和反应的影响构成了社会行为。不同的学科会从不同的角度来研究这种社会行为。由于我们这里关注的是个人的历史经历及其心理动力学，因此，目前的方法属于社会精神病学的一个方面。我们对游戏是否"健康"做出了隐含的判断，这一点与社会学和社会心理学所持的中立态度有所不同。精神病学保留着说"请稍等"的权利，而其他学科则不同。沟通分析是社会精神病学的一个分支，而游戏分析又是沟通分析的一个特殊方面。

游戏实务分析处理的是具体情境中的具体案例。游戏理论分析试图概括各种游戏的特征，使其不依靠瞬间的语言内容和文化矩阵而得到辨认。例如，对"要不是因为你"这一婚姻形态的理论分析，应该详细说明这款游戏的特点。无论是与婚礼聚会有关，还是与给子孙后代买鱼竿的财务问题有关，也不管夫妻之间的互动是直白的还是微妙的，这款游戏在新几内亚丛林的村庄里和在曼哈顿的豪华顶层公寓里都应被同样轻易地辨认出来。该游戏在特定社会中的流行与普及属于社会学和人类学研究的范畴。游戏分析，作为社会精神病学的一部分，只对游戏发生时的描述感兴趣，不管它发生的频率有多高。这种区别并不完全，不过，与公共卫生和内科之间的区别类似；前者关心的是疟疾的流行，后者研究的是具体的病例，无论是在丛林里，还是在曼哈顿。

目前人们普遍认为，下面这个方案是进行游戏理论分析最有用的方案。毫无疑问，随着知识的不断积累，这一方案也会不断得到完善。首先，要认识到，无论如何操作，都要符合一定的游戏规则。其次，要收集尽可能多的游戏实例。这些实例的重要特征必须是彼此不同的，并且，某些特征是不可或缺的。然后，根据现有的知识对其进行归类，力争有意义、有启发性。分析是从"主要玩家"的角度进行的，而此处的"主要玩家"是怀特太太。

✤ 命题

这是对游戏的总体描述，包括一系列接连发生的事件（社会层面）以及相关的心理背景、进展和意义信息（心理层面）。在"要不是因为你"（婚姻形态）这款游戏中，前面给出的详细信息非常有用。

✤ 反命题

特定的序列构成一个游戏，这只是一种假设，需要得到证实。证实的方法是拒绝游戏或降低回报，而"发起人"则会更加努力，让游戏继续下去。面对"拒绝游戏"和"降低回报"，他会陷入一种"绝望"状态。这种状态在某些方面类似于抑郁症，但在很大程度上又有所不同。它更严重，包含着郁闷和困惑的成分。例如，它可能表现为不知所措的哭泣。如果治疗成功，哭泣可能很快被幽默的笑声取代，这暗示着成人自我状态的顿悟："瞧，我又来了！"因此，绝望体现的是成人自我状态的感受，而抑郁体现的是具有执行力的儿童自我状态的感受。希望、热情或对周围环境的浓厚兴趣是抑郁的对立面，笑声是绝望的对立面。这就是游戏分析治疗的最佳结果。"要不是因为你"的对立面是宽容和放任。只要丈夫克制一下，游戏就可以继续下去。如果丈夫说的是"玩吧"，而不是"你敢"，妻子潜在的恐惧就消失了，也不会像怀特太太对待怀特那样指责自己的丈夫了。

为了更好地理解游戏，应该了解反命题，并在实践中证明其有效性。

✤ 目的

这只是对游戏总体意图的简单陈述。有时，还有其他选择。"要不是因为你"的目的，可以说，要么是自我安抚

（"不是我害怕，而是他不让"），要么是自我辩护（"不是我不努力，是他拖我的后腿"）。安抚功能更容易阐明，也更符合妻子的安全需求。因此，"要不是因为你"这款游戏的目的就是要获得安全感。

✤ 角色

如前所述，自我状态不是角色，而是现象。因此，在正式的描述中，自我状态与角色必须加以区分。根据角色的数量，游戏可以分为两人游戏、三人游戏和多人游戏等。有时，游戏参与者的自我状态和他的角色相对应；有时则不一致。

"要不是因为你"是一个两人游戏，需要一位受限的妻子和一位专横的丈夫。妻子扮演的角色要么是一种慎重的成人自我状态（我最好照他说的去做），要么是一种任性的儿童自我状态。专横的丈夫扮演的角色要么是一种成人自我状态（照我说的去做好了），要么是一种父母自我状态（你最好照我说的去做）。

♣ 动力

每一个游戏案例的背后都有一些可供选择的心理驱动力。然而，我们通常会挑出一种心理动力概念，以此对这种情况进行适当、贴切、有用的概括。因此，最好把"要不是因为你"这款游戏看成是恐惧的产物。

♣ 例子

游戏源于童年或婴儿时期的原型，对研究具有一定的启发性，所以，在进行正式描述时，有必要寻找这样的同源关系。"要不是因为你"这个游戏，成人玩，儿童也玩。因此，儿童版本与成人版本是一样的，只是现实中的父母取代了游戏中严厉的丈夫。

♣ 沟通模式

下面给出了一个典型实例的沟通分析，揭示了隐匿沟通的社交层面和心理层面。从社交层面上看，"要不是因为你"这个游戏最富戏剧性的形式是父母自我状态——儿童自我状态。

怀特先生：你待在家里，照看家。

怀特太太：要不是因为你，我就可以出去找乐子了。

从心理层面上看，这种关系（隐匿的婚约）是儿童自我状态——儿童自我状态，而且，非常不一样。

怀特先生：我到家时，你必须待在家里。我害怕被你抛弃。

怀特太太：如果你能帮我避开恐惧的情况，我就待在家里。

这两个层面，如图7所示。

✤ 步骤

游戏的步骤大致相当于仪式中的安抚。无论什么游戏，都是玩得越多越熟练。在多余的步骤删除之后，参与者的意图越来越多地浓缩到每一个步骤当中。"美好的友谊"通常是基于这样一个事实，即参与者在游戏过程中相互协调，相

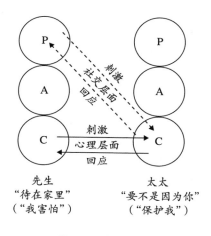

图7 一个游戏

互补充，以最小的努力获得最大的收益。中间的一些预防性的或妥协的步骤可以省略，从而给这种关系涂上一层浓浓的优雅的色彩。

在防御策略上节省下来的精力可以用来装点别的方面，以取悦双方，有时，也取悦旁观者。据观察，对于游戏的进程来说，有一些步骤是必不可少的，可以将其写入协议。个别参与者会根据自己的需要、天赋或愿望来修饰或增加这些基本的步骤。"要不是因为你"的框架如下：

①指令——顺从（"你待在家里"——"好吧"）

②指令——抗议（"你还得待在家里"——"要不是因为你"）

✤ 获益

游戏的主要好处在于它的稳定（内衡）功能。安抚促进了生物的内衡功能，立场或态度的确定强化了心理的稳定。如前所述，安抚可以有多种形式，所以，游戏的生物意义可以用触觉来表达。据此，丈夫在"要不是因为你"中的角色让人想起了反手一巴掌（这在效果上与正手一巴掌截然不同，正手一巴掌是一种直接的羞辱），而妻子的反应就像小腿给人踢了一脚一样。因此，"要不是因为你"的生物获益源自好战——任性的交换，那是一种令人沮丧但显然有效的神经组织保健方法。

确认妻子的立场——"男人都很霸道"——属于"存在获益"。这种立场是对恐惧中固有的投降需求的反应，是所有游戏的连贯结构的体现。展开来说，就是，"如果我独自走入人群，可能会屈服；但在家里，我不会屈服，都是他逼的。这足以证明，男人都很霸道"。因此，这种游戏通常受到遭受非现实感折磨的女性的青睐。这表明，她们在强烈的诱惑下，很难保持成人自我状态。对这些机制的详细阐述属于精神分析，而非游戏分析。游戏分析的重点是最终的结果。

游戏的"内在心理获益"是对精神层面的直接影响。在"要不是因为你"这个游戏中，屈服于丈夫的权威，从社交角度来看，是可以接受的，因为它使女性摆脱了神经质的恐惧。

"外在心理获益"指的是，通过游戏来回避恐惧。这在"要不是因为你"这个游戏中尤其明显。其突出的动机是，通过丈夫的约束，妻子避免了她所恐惧的公共场合。

"内在社交获益"，顾名思义，指的是人们在私人圈子里玩的游戏所带来的结果。通过顺从，妻子获得了说"要不是因为你"这句话的特权，而这有助于她安排自己和丈夫在一起的时间。在怀特太太的案例中，这种需求特别强烈，因为他们缺乏共同的兴趣，特别是在孩子到来之前和孩子长大之后。在此期间，这个游戏玩得少了，也没有那么投入了，因为孩子们履行了他们为父母安排时间的通常功能，并且，提供了一个更受欢迎的"要不是因为你"的版本，即"忙碌的家庭主妇"版本。在美国，年轻的妈妈往往真的很忙。然而，这一事实并不能改变对变异版本的分析。游戏分析只是试图公正地回答下面这个问题：一位忙碌的年轻女性该如何利用自己的忙碌来获得一些补偿呢？

"外在社交获益"，顾名思义，指的是利用外部社交关系的结果。当妻子对丈夫说"要不是因为你"时，这是一个游戏。然而，如果她是在和朋友一起喝早茶时说出了这句话，就变成了消遣。至此，游戏在选择社交伙伴时的影响再次显现出来。新来的邻居应邀前来喝早茶，自然也会请她一起玩"要不是因为你"这个游戏。在其他条件不变的情况下，如果她玩得好，就会很快融入眼前这个圈子。如果她拒绝玩这种游戏，并坚持以仁慈的态度看待自己的丈夫，那么，她很快就会出局。这种情况就和她在鸡尾酒会上拒绝喝酒的情况一样。在大多数情况下，她的名字很快就会从客人名单中消失。

至此，我们完成了对"要不是因为你"这一游戏特征的分析。这是世界各地社交聚会、成员会议和心理治疗小组中最常见的一款游戏。

3. 游戏的起源

从目前的观点来看，抚养孩子可以被视为一个教育过程。在这个过程中，孩子学会了玩什么游戏以及如何玩游戏。同时，他还学会了与其生活的环境和地位相适应的程序、仪式和消遣，但这些都不太重要。在其他条件相同的情况下，他在程序、仪式和娱乐方面的知识和技能决定了他能获得什么样的机会。但是，他所玩的游戏决定了他将如何利用这些机会，以及会获得怎样的结果。同样，在其他条件相同的情况下，作为他的脚本或无意识生活计划的要素，他所喜欢的游戏也决定了他最终的命运，即婚姻和事业的结局及死亡的环境。

负责任的父母会投入大量精力教会孩子与其生活地位相适应的程序、仪式和消遣，关心中小学、大学和教堂的选择，以强化他们的教育。但是，与此同时，他们往往都忽视了游戏这一问题。游戏构成了每个家庭情感动态的基本结构，孩子们从小就在日常生活中学习如何玩游戏。相关问题已经讨论了几千年，只是过于笼统，不成体系，而现代精神病学文献中则记载了人们在系统方法方面所进行的一些尝试。但是，如果没有游戏的概念，持续不断的研究难以为继。内在个体心理动力学理论至今仍无法令人满意地解决人际关系问题。沟通环境需要一种社会动力学理论，而这种理论不能仅仅从对个人动机的考虑中得出。

由于接受过游戏分析训练的儿童心理学和儿童精神病学专家不多，因此，对游戏起源的观察很少。幸运的是，下面这一事件发生在一个受过良好教育的沟通分析师身边。

7岁的坦吉坐在餐桌旁，他感到胃疼，请求离开。父母建议他去躺一会儿。他3岁的弟弟迈克说："我也胃疼。"显然，他是想借机离开。父亲看了他几秒钟后说："你不会也要玩那个游戏吧！"迈克突然大笑起来，说："不会！"

如果这一家人都是食疗信徒，那么，迈克也会被惊慌失措的父母抱到床上的。如果迈克与父母多次重复这种行为，可想而知，这种游戏将成为迈克性格的一部分。只要父母合作，游戏就会经常重复。每当他嫉妒竞争对手的特权时，他就会以生病为由，试图为自己争取一些特权。这一隐匿沟通包括：（社交层面）"我觉得不舒服"＋（心理层面）"你们也必须给我一个特权"。然而，迈克却从这种忧郁状态中得救了。也许，他最终的命运会更糟糕，但那完全是另外一码事。问题在于，父亲提问过后，男孩坦承他是在玩游戏。这时，游戏便戛然而止了。

　　这一点足以表明，游戏完全是由儿童有意发起的。在它们成为固定的刺激—反应模式之后，其起源就消失在时间的迷雾之中，其隐匿的特征就被社交的迷雾所掩盖了。只有通过适当的程序，即分析疗法所得出的起源和反命题所揭示的隐匿特征，才能将二者带进人们的意识之中。临床经验反复表明，游戏的本质是模仿，它源于儿童人格中的成人自我状态（新精神）。如果儿童自我状态能在成年游戏者身上复活，那么，这一部分的心理倾向（儿童自我状态中的成人因素）会变得十分惊人，其操纵人的技能会十分高超，因而，人们普遍将其称为（精神病学）"教授"。所以，在专注于游戏分析的心理治疗小组中，一个更为复杂的程序是在每位患者身上寻找"小小教授"。患者讲述着自己2～8岁时创建游戏的早期经历，在场的每个人都听得如痴如醉（除非游戏本身是个悲剧）。在此期间，患者自己也会沾沾自喜，自鸣得意。一旦能做到这一点，他就很有可能放弃一种不幸的行为模式。放弃了这种模式，他会过得更好。

这就是在对游戏的正式描述中人们总是试图描述其婴儿时期或儿童时期原型的原因。

4. 游戏的功能

由于日常生活中亲密接触的机会很少，而且，由于某些形式的亲密接触（尤其是在紧张的情况下）无法得到大多数人心理上的认可，所以，在严肃的社交生活中，大部分时间都用来玩游戏了。因此，游戏既是必要的，又是可取的。唯一的问题在于个人所玩的游戏是否能给他带来最好的收益。在这方面，应该记住，游戏的本质特征是它的结局或回报。最初步骤的主要功能是为这种回报创造条件。但是，游戏的初衷是将每一步获得的最大满意度当成副产品。因此，在"倒霉鬼"（先制造混乱，然后再道歉）这个游戏中，其回报和目的是取得道歉后的原谅。

"酒鬼"这个游戏也差不多。不管饮酒的生理根源是什么，从游戏分析的角度来看，饮酒只是与周边人游戏的一个步骤。饮酒可能会带来各种各样的快乐，但这并非游戏的本质。这一点在"酒鬼"的变体——"干喝"——中得到了印证。这个游戏与常规游戏有相同的步骤和相同的回报，不过，在玩这个游戏时，没有酒喝。

除了组织时间这一令人满意的社交功能之外，有些游戏对于维持某些人的健康是迫切需要的。这些人的精神状态很不稳定，立场很不坚定，剥夺他们游戏的权利可能会使其陷入不可逆转的绝望，甚至是精神崩溃。这些人会非常坚决地反对任何相反的步骤。这种情况经常出现在婚姻当中。比如，一方精神状况的改善（即放弃破坏性游戏）会导致另一方精神状况的迅速恶化。对后者来说，游戏在保持关系平衡方面起着至关重要的作用。因此，在游戏分析中，必须保持审慎的态度。

幸运的是，非游戏亲密关系（这是——也应该是——人类生活最完美的形式）的回报很大。因此，如果能找到合适的伴侣，建立更加良好的关系，那么即使是性情不稳定的人，也可以安全、愉快地放弃游戏。

从更大的范围讲，游戏是个体无意识生活计划或脚本的整合与系统动态。在此，游戏的功能是填补个体等待最终实现的时间，同时，推进行为的进展。脚本的最后一幕究竟会带来奇迹，还是灾难，取决于脚本是建设性的还是破坏性的。因此，相应的游戏要么是建设性的，要么是破坏性的。通俗地说，如果一个人的脚本是"等待圣诞老人"，那么，他在"哎呀，你真了不起，默加特罗伊德先生"这样的游戏中也极易相处。相反，如果一个人的脚本"等待僵尸到来"是一个悲剧，那么，他很可能会玩"总算逮住你了"这样令人不快的游戏。

需要注意的是，出现在前面句子中的那些俗语是游戏分析中不可或缺的部分，也常常用于沟通心理治疗小组中和研讨会上。"等待僵尸到来"这个说法源于一个患者的梦。在梦里，她决定在僵尸到来之前完成某些事情。

第二部分

游戏大全

背景介绍

这个集子成于 1962 年。之后，新的游戏不断出现。有的看似是已知游戏的另一个例子，但仔细研究发现，其实是一个全新的游戏；有的看似是一个全新的游戏，其实是已知游戏的一个变体。随着新知识的积累，所分析的各个项目也会发生变化。例如，在描述心理动力学时，有几种可能的选择，书中的陈述后期可能证明不是最有说服力的。然而，这里所列出的游戏和分析中给出的条目对于临床工作来说则是绰绰有余的。

书中对某些游戏进行了详细的讨论和分析；另外一些或需要进行更多的调查，或不太常见，或特征相当明显，只能简单提及。

根据游戏经常出现的场合，我们将其分为以下几类：生活游戏、婚姻游戏、聚会游戏、地下游戏。接下来是专业的诊所游戏，最后是一些好的游戏。

1. 概念

分析过程中将使用以下概念。

名称：如果游戏有多个名称，可以前后参照，或在括号里注释。

命题：尽量使用有说服力的表达方式。

目的：根据作者的经验，尽量给出最佳选择。

角色：点出"施动者"的角色以及讨论的角度。

动力：同目的。

例子：①描述儿时玩的游戏、最容易识别的相关原型；②来自成人生活的实例。

范式：简明扼要地说明社交层面和心理层面的关键沟通。

步骤：提供实践中最小数量的沟通刺激和沟通反应；这些在不同情况下可以无限扩大、淡化或修正。

获益：①内在心理层面——力图说明游戏对内在心理稳定的作用；②外在心理层面——力图说明哪些引起焦虑的情况或亲密关系可以避免；③内在社交层面——提供与密友游戏中使用的特殊用语；④外在社交层面——提供在非亲密

圈子中玩的衍生游戏或消遣中所使用的关键用语；⑤生物层面——力图描述游戏给人们提供的安抚类型；⑥现实层面——描述典型游戏背后人们的立场。

关联：提供一些补充游戏、联盟游戏和互动游戏的名字。

在找治疗师的人当中，玩破坏性游戏的人比玩建设性游戏的人要多。所以，人们了解的大部分游戏基本上都是破坏性的。但是，读者诸君务必记住，有些建设性的游戏，幸运的人比不幸运的人玩得多。为了避免游戏的概念和精神病学术语一样庸俗化，必须对游戏有一个准确的概念。应该根据前面的标准，把游戏和程序、仪式、消遣、操作、策略以及由立场产生的态度明确地区分开。

2. 俗语

这里用的很多俗语都是患者提供的。如果运用得体，时机得当，那么，所有这些都会得到游戏者的欣赏、理解和喜欢。如果其中的一些看上去有点粗俗，那么，它所讽刺的是游戏本身，而非玩游戏的人。俗语，首先要贴切。如果听起来很可笑，那恰恰是因为它一针见血，击中要害。出于学术目的，心理学的真理可以用科学语言来表述。但是，在实践中，要想有效表达情感挣扎，则需要其他方法。所以，我们喜欢玩的是"太可怕了"，而不是"说说预计的××侵略"。前者不仅有更多的动态含义和更大的影响，而且更加精确。有时，人们在明亮的房间里比在单调的房间里恢复得更快。

第六章

生活游戏

在一般社会条件下，所有的游戏对游戏者的命运都有着重要的甚至是决定性的影响。有些游戏为人的终身职业提供了机会，有时，还会牵扯到无辜的旁观者。为方便起见，我们把这组游戏称为"生活游戏"，它们一方面与婚姻游戏融合，另一方面又与地下游戏交叉。

1. 酒鬼

✤ 命题

在游戏分析中，没有"酒精中毒"或"酗酒者"这种情况。但是，在某类游戏中，有一个叫作酗酒者的角色。如果生物化学或生理异常是过量饮酒的原动力（这一点仍有待商榷），那么，它的研究属于内科领域。游戏分析的兴趣不在于此，而是在于与这种过度行为相关的社交沟通。因此，便有了"酒鬼"这个游戏。

按理说，"酒鬼"是一个五人游戏。不过，里面的角色可以压缩，从开始到结束，都可以是两个人。核心角色是"酗酒者"，我们姑且将其称为"怀特"。主要的配角是"迫害者"，通常由异性扮演，大多数情况下是配偶。第三个角色是"救助者"，通常由同性扮演，往往是对患者和酗酒问题感兴趣的家庭医生。在通常情况下，医生成功地让酗酒者（怀特）戒掉了自己的习惯。在怀特戒酒六个月之后，他们互相祝贺。第二天，在阴沟里发现了怀特。

第四个角色是"糊涂蛋"。在文献中，扮演这一角色的是一位熟食店的老板，他赊账给了怀特一个三明治，也许，还给了他一杯咖啡。他既没有迫害他，也没有试图营救他。在生活中，扮演这一角色的往往是怀特的母亲。她同情他，给他钱，因为他的妻子不理解他。在这一点上，怀特需要拿出貌似合理的理由，说明自己需要金钱的原因，比如他要做一个项目什么的。大家都知道他打算怎么用这笔钱，却都假装相信。有时，"糊涂蛋"会变成另一个角色。这是一个有用但不重要的角色，即"鼓动者"，或者说，是一个主动为酗酒者提供资源的"大好人"："过来陪我喝一杯（你会醉得更快点）。"

在所有的饮酒游戏中，都有一个助手，即酒保或卖酒员。在"酒鬼"游戏中，他扮演的是第五个角色——"联络人"。他懂酒鬼，为他们提供酒源。从某种程度上来说，他是瘾君子生命中最重要的人。他与其他游戏者的区别在于专业与业余的区别，专业人员知道何时罢手。到了关键时刻，一个好的酒保会拒绝为酒鬼供酒。此时，因为断了酒，酒鬼便会离开，除非他能找到一个更加纵容的"联络人"。

在"酒鬼"游戏的最初阶段，妻子可能会扮演三个配角：午夜时分，她会帮他脱衣服，给他煮咖啡，还要忍受他的毒打；早上，她变成了"迫害者"，斥责他的邪恶行为；晚上，她又变成了"救助者"，恳求他改掉所有的坏毛病。在游戏的后期，有时，由于自然退化，"迫害者"和"救助者"可以不要了。但是，如果他们愿意充当货源，还是可以接受的。怀特会去救济机构，领到免费的一餐，从而得救。或者，为了一份施舍，他不得不忍受专业人士和业余人士的责骂。

目前的经验表明，"酒鬼"这个游戏的获益（这是游戏的普遍特征）来自大多数研究者最不关注的方面。游戏分析表明，喝酒本身只是一种附带的快乐。这个过程导致的真正的高潮，就是宿醉。"酒鬼"这个游戏，通过制造混乱，吸引别人的注意。对怀特来说，这只是一种享乐方式。

对酒鬼来说，宿醉与其说是身体上的痛苦，倒不如说是心理上的折磨。饮酒者最喜欢的两种消遣是"马提尼酒"（多种酒掺合在一起）和"晨间追思"（让我告诉你我的宿醉）。"马提尼酒"大都是社交型饮酒者玩的。酗酒者大都喜欢玩一轮艰苦的心理"晨间追思"，为此，匿名戒酒协会这样的组织为他们提供了无限的机会。

每当患者狂饮后去看心理医生时，都会大骂自己。此时，医生都会一言不发。之后，在治疗小组中回忆这些经历时，怀特都会沾沾自喜地说，骂他的不是别人，而是心理医生。在治疗过程中，酗酒者谈论的最多的不是饮酒（这一点只会在"迫害者"面前提及），而是随之而来的痛苦。除了饮酒带来的个人快乐之外，饮酒的真正目的是营造一种氛围，让自己的儿童自我状态不仅受到内心的父母自我状态的严厉斥责，而且还受到现实中愿意伸出援手的父（母）职人物的严厉斥责。因此，游戏治疗的重点不应集中在饮酒上，而应集中在"晨间追思"，即"自我惩罚"上。然而，有一种人酒量很大，不会喝醉。这种人不属于这一类型。

还有一个游戏，叫作"干喝"。在这个游戏中，怀特在没有酒喝的情况下经历了经济和社会堕落的过程。尽管如此，与真喝的步骤还是一样的，配角也是一样的。在此，"晨间追思"才是问题的关键。事实上，"干喝"和"酒鬼"极其相似，正是这一点说明两者都是游戏。例如，两者获得释放的程序是一样的。"瘾君子"类似于"酒鬼"，但更可怕，更戏剧化，更能蛊惑人心，速度也更快。在我们的社会中，这种游戏更依赖于随处可见的"迫害者"。"糊涂蛋"和"救助者"并不多见，"联络人"的角色更为关键。

各种各样的组织介入"酒鬼"这个游戏中来。许多组织颁布了游戏规则。几乎所有组织都说明了如何扮演"酒鬼"这个角色：早餐前喝一杯酒，把本该用在别处的钱统统花掉等。他们还解释了"救助者"的功能。例如，匿名戒酒协会继续玩这个游戏，但却把注意力放在诱导嗜酒者扮演"救助者"的角色上面。以前的酗酒者更受欢迎，因为他们知道游戏是如何进行的，因此，他们比从未玩过的人更有资格扮演配角。据报道，匿名戒酒协会原本已经戒酒的人士又开始喝酒了，因为在没有"救助者"的情况下，游戏无法正常进行。[1]

也有一些组织致力于改善其他游戏者的命运。有些人向配偶施压，要求他们从"迫害者"转变为"拯救者"。最理想的治疗方法是针对酗酒者的十几岁的孩子，鼓励他们脱离游戏本身，而不仅仅是改变自己的角色。

对酗酒者的心理治疗还在于使其完全停止游戏，而不是简单地从一个角色转换到另一个角色。在某些情况下，这样做是可行的，尽管任务十分艰巨，因为对酗酒者来说，很难找到比玩游戏更有意思的事情了。由于他通常害怕亲密关系，所以其替代品必须是另一种游戏，而不是无游戏的关系。酗酒者治愈后在社交场合一般不是很合群，他们觉得生活中缺乏激情，会想方设法重返老路，重操旧业。真正的"游戏疗法"的标准是，以往的酗酒者应酬时可以喝点酒，但又不至于将自己置于危险之中。常见的"彻底戒酒疗法"并不能满足游戏分析的需要。

从这个游戏的描述中可以明显看出，对"救助者"最有诱惑力的游戏是"我只是想帮你"；对"迫害者"最有诱惑力的游戏是"看看你们对我做了什么"；对"糊涂蛋"最有诱惑力的游戏是"好好先生"。随着宣扬"酗酒是病"的救助机构的兴起，越来越多的酗酒者在他们的引导下去玩"木腿"游戏。法律对这些人很感兴趣，对此也予以鼓励。此时的重点已经从"迫害者"转到了"拯救者"，从"我是罪人"转到了"你对患者有什么期望？"（这是现代思维的一部分：远离宗教，走向科学）。从存在主义的角度看，这种转变是不合理的；从实践的角度看，这对减少向酗酒者售酒这一问题似乎也没起到什么作用。然而，对大多数人来说，匿名戒酒协会仍然是治疗过度饮酒的良好开端。

✿ 反命题

众所周知，"酒鬼"游戏很普及，很难放弃。有这样一个案例。治疗小组中的一名女性酗酒者很少参与游戏，直到她认为自己对其他成员有了足够的了解。之后，她询问别人对她的看法。由于她看上去很愉快，大家都说了一些好听的话。但是，她抗议道："那不是我想听的，我想听的是你们真实的想法。"她明确表示，她想听到逆耳的话。在场的女性都拒绝"迫害"她。于是，她回家跟自己的丈夫说："我要是再喝一杯，你要么和我离婚，要么把我送到医院去。"丈夫答应了。那天晚上，她喝醉了，丈夫把她送到了疗养院。那里的人拒绝扮演怀特分配给他们的迫害角色。她无法容忍这种对立行为，尽管每个人都在努力强化她已经获得的洞察力。在家里，她找到了愿意扮演她所要求的角色的人。

然而，在其他案例中，似乎可以让患者做好充分准备，放弃游戏，尝试真正的社交治疗。在这种治疗中，治疗师拒绝扮演"迫害者"或"救助者"的角色。当然，如果他扮演"糊涂蛋"的角色，允许患者放弃经济义务和守时义务，同样不会有任何治疗效果。从沟通的角度来看，正确的治疗程序是，在事先做好准备工作之后，采取成人自我状态立场，拒绝扮演任何角色，希望患者不仅能够戒酒，而且也能够戒掉游戏。如果他做不到这一点，最好把他送到"救助者"手里。

反命题尤其困难，因为在很多地方，酗酒者成为责难、关注和施舍的理想对象，而拒绝扮演这些角色的人往往会引起公愤。理性的方法对"救助者"比对"酒鬼"更令人担忧，有时还会给治疗带来不幸的后果。在一个临床案例中，小组工作人员对"酒鬼"游戏颇感兴趣。他们试图通过制止游戏而不仅仅是拯救患者的方法来实现真正的治疗。等这一切浮出水面，他们立刻受到支持诊所的非专业委员会的排挤，再也没有获邀帮助治疗这些患者。

✤ 关联

"酒鬼"游戏中有一个有趣的插曲，叫作"来一杯"。这是由一名长着一双慧眼的工业精神病学学生发现的。怀特和他的妻子（一个不饮酒的"迫害者"）与布莱克和他的妻子（两人都是"糊涂蛋"）一起去野餐。怀特对布莱克夫妇说："来一杯！"如果他们真的来一杯，那么，这就给了怀特来四五杯的理由。如果布莱克夫妇拒绝了，游戏就没法玩了。按照喝酒的规则，怀特理应受到"侮辱"。这样，下次野餐时，他就会找一些比较顺从的伙伴。有些在社交层面上看似成人自我状态的慷慨，在心理层面上则是一种傲慢的行为。也就是说，怀特的儿童自我状态，在自己太太的眼皮底下，通过公开贿赂的方式，从布莱克那里获得了父母自我状态的宽容，而怀特太太对此却无能为力。事实上，这只是因为怀特太太无力抗议自己，因为她同意整个安排，渴望游戏继续，渴望继续扮演"迫害者"的角色，就像怀特先生渴望扮演"酒鬼"一样。不难想象，第二天早上，她会对他指手画脚，横加指责。如果怀特是布莱克的老板，那么，事情就越发难办了。

一般而言，"糊涂蛋"并不像名字暗示的那么糟糕。"糊涂蛋"通常是一些孤独的人，他们通过善待酗酒者为自己带来好处。扮演"好好先生"的熟食店老板通过这种方式认识了很多人，在社交圈里赢得了很好的名声。都说，他不仅为人豪爽，而且还能言善语。

此外，"好好先生"有一个变体，就是四处打听如何才能更好地帮助他人。这是一个快乐、积极的游戏，值得鼓励。与之相反的是"硬汉"。他们学习暴力课程，到处打听如何才能害人最深。虽然从未真正伤害过他人，但是他们可以接近"硬汉"，并以此为自己吆喝造势。

分　析

命题：我就这么坏，你能把我怎么着？

目的：自我惩罚。

角色：酗酒者、迫害者、救助者、糊涂蛋、联络人。

动力：口舌剥夺。

例子：（1）看你能否抓到我。由于游戏很复杂，它的原型很难关联。然而，孩子，尤其是酗酒者的孩子，经常会有酗酒者特有的经历。"你能把我怎么着"涉及说谎、藏匿、寻求差评、寻找助人为乐的人以及乐善好施的邻居等。自我惩罚常常一推再推。（2）酗酒者和他的社交圈。

社交范式：成人自我状态——成人自我状态。

成人自我状态："告诉我你对我的真实看法，或者帮我戒酒。"

成人自我状态："我会实话实说的。"

心理范式：父母自我状态——儿童自我状态。

儿童自我状态："你能把我怎么着？"

父母自我状态："你必须戒酒，因为……"

步骤：（1）挑衅——指责或原谅；（2）放纵——愤怒或失望。

获益：（1）内在心理层面——（a）喝酒作为程序——反抗、安慰和对渴望的满足——（b）"酒鬼"作为游戏——自我惩罚（可能）；（2）外在心理层面——避免其他形式的亲密；（3）内在社交层面——你能把我怎么着；（4）外在社交层面——"晨间追思""马提尼酒"和其他消遣；（5）生物层面——爱与怒交替出现；（6）现实层面——人人都想剥夺我的权利。

---

2. 债务人

❖ **命题**

"债务人"不仅仅是一个游戏，它往往变成了一个脚本，一个贯穿一生的计划，就像在非洲和新几内亚的丛林中发生的事情一样。[2] 在那里，一个年轻人的亲戚花了一大笔钱给他买了一个新娘，这让他在未来的几年里负债累累。这样的习俗在一些地方同样盛行，只是彩礼变成了房价。如果无法从亲戚那里得到资助，就只能求助银行了。

大型庆典、婚礼仪式或乔迁之喜，不是在债务偿清时举行的，而是在开始举债时举行的。例如，电视上宣传的不是中年人终于还清了抵押贷款，而是年轻人带着家人搬进新居。他无比自豪地挥舞着刚刚签署的文件，却没想到，正是这份文件将其一生中最好的时光给牢牢地拴住了。在还清所有债务（抵押贷款、子女的大学费用和保险）之后，他便成了一个"问题"，一个"老人"。社会不仅要为他提供物质条件，还要为他提供一个新的"目标"。就像在新几内亚一样，如果他够明智的话，可能会成为一个债权人，而不是债务人。但是，这种情况鲜有发生。

就在我写下这些文字时，一只潮虫在写字台上爬行着。如果它翻了个底朝天，你就可以看到它为了翻过来所经历的巨大挣扎。在这段时间里，它的生活就有了"目标"。当它成功时，你几乎可以看到它脸上胜利的表情。它爬走了。你可以想象它在下一次潮虫聚会上讲述自己经历时的情境，四周全是年青一代投来的羡慕的目光，因为它是成功的象征。然而，沾沾自喜之中还夹杂着一点点失望。现在，它已经出人头地了，生活似乎失去了目标。也许，它会回来，期待着再一次成功。也许，它会用墨水在自己的背上做个记号。这样，在它冒险时，有人就能认出它来。毫无疑问，它是一只勇敢的虫子。难怪几百万年之后，这个物种依然存在。

然而，大多数年轻人只有在高压下才会认真对待债务问题。在情绪低落或经济萧条时，唯有责任感才会让他们坚持下去，避免自杀。大多数时候，他们会玩一个温和的游戏——"要不是因为债务"。但是，在其他场合，他们都会过得十分开心。只有少数人才会将玩"债务人"游戏作为职业。

"债务收回"是年轻夫妇普遍喜欢的游戏，它告诉人们无论怎么玩都一定会赢的诀窍。怀特一家靠赊购得到各种各样的商品和服务，这取决于他们各自的背景及其父母或祖父母是如何教他们玩这个游戏的。如果债权人在几次努力后放弃了，那么怀特一家可以享受他们的收益，而不会受到任何惩罚。在这个意义上，他们已经赢了。如果债权人不依不饶，那么，他们就能一边享受被追讨的乐趣，一边继续消费。如果债权人决心收回，游戏就会变得不那么轻松了。为了拿回贷款，债权人不惜采取极端措施。这里通常会有一个强制的因素——去找怀特的雇主，或者开着一辆大卡车，上面挂着"催债公司"的横幅，在怀特家门口大吵大闹。

此时，出现了一个变机。怀特知道，这一次他必须还钱了。但是，由于里面有强制因素（在大多数情况下，债权人"第三封信"里"如果你在48小时内没有出现在我们办公室……"的字样清楚地表明了这一点），怀特的愤怒也在情理之中。于是，他玩起了"总算逮住你了，你这个狗娘养的"这个游戏。这一次，他通过公开债权人贪婪、无情和不可信赖这些特点而获得胜利。他这样做有两个明显的好处：（1）这坚定了怀特的立场，即"债权人都是贪婪的"。（2）这为怀特提供了巨大的外在社交收益，因为他可以公开在朋友面前指责债权人，同时，又不会失去自己"好好先生"的名声。而且，在面对债权人本人时，他还可以进一步挖掘内在社交收益。此外，这证明了他钻信贷系统空子的做法是对的。如果如他所说债权人都是这个样子，那为什么要还钱呢?

以"设法逃避"形式出现的"债权人"游戏往往是小财主玩的游戏。玩"债务收回"和"设法逃避"这两个游戏的人很容易认出彼此。由于游戏自身的娱乐性以及预期中的沟通获益,他们都暗暗高兴,很容易彼此打成一片。无论最后谁赢了钱,在玩完"这种事怎么老让我赶上"之后,每个人的立场都更加坚定了。

金钱游戏会带来非常严重的后果。如果这些描述在某些人看来非常滑稽,那并不是因为它们都是些琐碎的事情,而是因为它们揭示了人们严肃对待的大事背后的琐碎动机。

✤ 反命题

"债务回收"的明显对立面是要求"立刻现金还款"。但是,游戏高手还是有办法躲过这一关的。不过,要是碰上要债高手可就没戏了。"设法逃避"的对立面是"准时"和"诚实"。由于以上两个游戏的高手都是专业人士,因此,业余玩家取胜的机会不大,这就好比让业余玩家与专业人士对赌取胜的概率很低。虽然业余玩家很少获胜,但是,能参与其中，也是值得开心的事情。由于两者一直都是严肃的游戏，因此，在专业人士眼里，没有什么比遭到业余玩家嘲笑更令人不安的了，而这一点在经济圈里更难让人接受。在笔者收集的案例中，嘲笑一个街上偶遇的债务人，就像在"笨蛋"面前玩"反笨蛋"一样令人困惑、沮丧和不安。

3. 踢我吧

✤ 命题

这是一款男人玩的游戏。其社交方式相当于胸前佩戴着"请别踢我"的牌子。

这样的牌子诱惑总是难以抗拒。随着结果的到来，怀特可怜巴巴地哭诉道："可牌子上明明写着'请别踢我'啊！"接着，他又十分困惑地补充道，"这种事怎么老让我赶上？"临床上，"这种事怎么老让我赶上？"可能会被"精神病学"的陈词滥调所掩饰："每当遇到压力，我都会感到不安。"这个游戏中的一个因素来自"反向自豪感"："我的不幸比你的还好点儿。"这种情况常常发生在偏执狂身上。

如果他周围的人受到善良（"我只是想帮你"）、社交习俗或组织条例的约束不能攻击他，那么，他的行为就会变得越来越具有挑衅性。直到有一天，他突破底线，迫使他人就范。这样的人往往是被排斥、被抛弃和失去工作的人。

　　与此相对应的女性游戏是"衣衫褴褛"。她们来自上流社会，却要千方百计显得十分寒酸。由于某些"高尚"的理由，她们永远都要确保自己的收入仅够维持生计。假设她们发了一笔横财。这时，总有一些野心勃勃的年轻人会来到她们身边，帮她处理一下，给她们换来一份毫无价值的促销商品。通俗地说，这样的女人常被称为"妈妈的朋友"。她们总是以父母的身份提出一些"明智"的建议，喜欢从他人的经验中获得满足。她们总是默默地玩着"这种事怎么老让我赶上？"的游戏，只有脸上挣扎的表情才能表明她们是在玩这款游戏。

　　"这种事怎么老让我赶上？"这款游戏还有一种有趣的形式。这种情况常常发生在适应良好的人身上。他们得到的成功和回报越来越多，远远超出了自己的预期。如果此时这种游戏的形式是"我何德何能有此回报？"，那么"这种事怎么老让我赶上？"可能会带来严肃和建设性的思考以及最好意义上的个人成长。

4. 总算逮住你了

❖ 命题

这是一款经典的纸牌游戏。怀特抓到一手好牌，比如，四张 A。此时，如果他玩的是"总算逮住你了，你这个狗娘养的"这款游戏，那么，他的兴趣在于"布莱克完全受他摆布"这一事实，而不是他手里的牌能赚多少钱。

怀特家需要安装一些卫浴设备。开工前，他和水管工仔细核实了费用。价钱说好了，不再增加了。结账时，因为安装了一个预先没有想到的阀门，多出了几美元。原先说好的是 400 美元，如今变成了 404 美元。怀特很生气，他打电话给水管工，要求解释。没想到，水管工寸步不让。怀特给他写了一封长信，说他人品不好，道德有问题，并拒绝支付账单，直到额外的 4 美元收回去。水管工最终只好让步了。

很明显，怀特和水管工都在玩游戏。在谈判过程中，他们都对对方的潜力有了一定的了解。水管工提交账单时，做出了挑衅的举动。既然怀特和水管工之前达成了协议，自然是水管工理亏了。怀特觉得自己有理，于是，把怒气连珠炮似的发泄到对方身上。怀特没有以成人自我状态的优雅方式与对方进行谈判，而是一气之下借机对水管工的整个生活方式进行了批评。从表面上看，他们的争论是成人自我状态对成人自我状态，是围绕着一笔费用的合法商业纠纷。从心理层面上看，这是父母自我状态对成人自我状态。怀特利用他微不足道但说得过去的反对立场，来发泄自己对多年来讨好对手的积怨，就像母亲在类似情况下的反应一样。他很快意识到自己内心的态度（总算逮住你了，你这个狗娘养的），并因水管工的挑衅暗自高兴。他接着回忆说，很小的时候，他就一直在寻找类似的不公，愉快地接受它们，并以同样的热情利用它们。在他所叙述的许多案例中，他已经忘记了当时的挑衅行为，但却非常清楚地记得接下来爆发的"战争"。显而易见，水管工玩的游戏是"这种事怎么老让我赶上？"的一个变体。

"总算逮住你了，你这个狗娘养的"是一款双人游戏，必须与"太可怕了"区分开来。在"太可怕了"这款游戏中，"代理人"有意寻找不公正行为，目的是向第三方投诉，从而创建一个由"侵略者、受害者、密友"组成的三人游戏。"太可怕了"的口号是"同病相怜"。"密友"通常也是玩这个游戏的人。"这种事怎么老让我赶上？"也是一个三人游戏。不过，这里的"代理人"试图通过不幸确立自己的优势地位，同时，憎恨来自其他不幸者的竞争。"总算逮住你了"是一个商业化了的三人游戏。它也可以玩成一个双人婚姻游戏，形式上更加微妙。

♣ 反命题

最好的反命题是行为正确。与"总算逮住你了，你这个狗娘养的"游戏者所签订的合同，应在第一时间进行明确详细的说明，并严格遵守。例如，在临床实践中，"爽约所需支付的费用"这一问题必须清清楚楚，且一次性解决。同时，必须采取额外的预防措施，避免记账错误。一旦出现意外，就要优雅地服从，无须争议，直到治疗师准备好处理这个游戏。在日常生活中，与"总算逮住你了，你这个狗娘养的"游戏者的商业交易总是属于预期风险。这种人的妻子应该受到礼遇。逢场作戏、献殷勤或者怠慢都应避免，哪怕丈夫本人并不在意。

分　析

命题：总算逮住你了。

目的：辩护。

角色：受害者、侵略者。

动力：嫉妒的怒火。

例子：（1）逮住你了；（2）嫉妒的丈夫。

社交范式：成人自我状态——成人自我状态。

成人自我状态："看，你做错了吧。"

成人自我状态："既然你提醒了我，我想是的。"

心理范式：父母自我状态——儿童自我状态。

父母自我状态："我一直在盯着你。"

儿童自我状态："这次撞你枪口上了。"

父母自我状态："是的，我要让你尝尝我的厉害。"

步骤：（1）挑衅——指责；（2）辩护——指控；（3）辩护——惩罚。

获益：（1）内在心理层面——愤怒的理由；（2）外在心理层面——回避自己的不足；（3）内在社交层面——"总算逮住你了，你这个狗娘养的"；（4）外在社交层面——他们总是想逮住你；（5）生物层面——相互斗气；（6）现实层面——别轻易相信任何人。

----

5. 看看你让我做了什么

❧ 命题

该游戏的经典形式是"婚姻游戏"。事实上，这是一个三星级"婚姻克星"。不过，它也可以在父母和孩子之间以及在工作生活中进行。

（1）一级：怀特不善交际，于是，便全心投入某件事情，远离他人。也许，他此刻只想一个人待着。突然，有人（如妻子或孩子）过来了，要么安抚他，要么问他一个问题，比如，"长嘴钳在哪儿？"这种打扰"导致"他的凿子、画笔、打字机或烙铁滑落。于是，他对着来人气冲冲地喊道："看看你让我做了什么。"这种情况反复发生。当他全神贯注时，家人往往都让他一个人待着。当然，导致东西滑落的不是"来人"，而是"他自己的愤怒"。当滑落发生时，他简直是太高兴了，因为这给了他一个驱逐来人的机会。不幸的是，这是一个小孩子极易学会的游戏，因此，很容易代代相传。玩得越投入，满足感越大，获益越多。

（2）二级："看看你让我做了什么"是一种基本的生活方式，而不是偶尔使用的一种防御机制。怀特娶了一个玩"我只是想帮你"或相关游戏的女人。这样，他很容易把决定权交给她。通常，这可能是在体贴或殷勤的伪装下完成的。他会毕恭毕敬地问她去哪里吃饭，去看哪部电影。如果事情进展顺利，他会享受这个过程。否则，他会通过明说或暗示来责备她："是你让我陷入这种境地的。"这个游戏是"看看你让我做了什么"的一个简单变体。或者，他可以将有关子女抚养的决策责任推给她，自己心甘情愿地做起"执行官"。如果孩子们不高兴，他可以直接玩"看看你让我做了什么"这个游戏。这样一来，就为"孩子不好，责怪母亲"打下了基础。因此，"看看你让我做了什么"本身并不是目的，而是为在通往"我早就说过"或"看看你现在做了什么"的路上提供短暂的满足。

在心理层面玩"看看你让我做了什么"这款游戏的专业玩家也会在工作当中玩这款游戏。他们在玩游戏时，长时间痛苦的表情取代了言语。游戏者非常"民主地"（或作为"良好管理"的一部分）向助手征求意见。这样，他就可以获得一个不容置疑的地位，来恐吓自己的下级。他自己所犯的任何错误都可以用来指责下级。如果以此来指责上级，便是自我毁灭，有可能因此失去工作。如果是在军队中，则可能面临调换连队的下场。如果下级这种情况发生在沮丧者身上，它就是"这种事怎么老让我赶上？"的一个组成部分；如果发生在压抑者身上，它就是"我又来了"的一个组成部分。二者都属于"踢我吧"这个游戏家族。

（3）三级："看看你让我做了什么"可能被偏执狂用来对付那些不小心给他们提出建议的人（见"我只是想帮你"）。这是很危险的，在个别情况下，甚至是致命的。

"看看你让我做了什么"和"是你让我陷入这种境地的"相辅相成。因此，二者的结合是许多婚姻中经典游戏契约的基础。契约内容如下。

经双方同意，怀特太太负责家庭账目，并用双方共同的活期账户支付账单，因为怀特先生"数字能力欠佳"。每隔几个月，他们就会接到透支通知。怀特先生必须到银行清账。对账时发现，怀特太太在没有告诉丈夫的情况下进行了昂贵的消费。一切清楚之后，怀特先生就愤怒地玩起了"是你让我陷入这种境地的"这款游戏。怀特太太会含泪接受他的指责，并承诺以后不会再发生类似事情。可是，好景不长。有一天，债权人的代理人突然登门，要求支付一张逾期已久的账单。怀特先生没听说过这笔账目，便问妻子。这时，妻子却玩起了"看看你让我做了什么"这款游戏，说一切都是丈夫的错。由于怀特先生禁止妻子透支他们共同的账户，因此，怀特太太维持收支平衡的唯一方法就是拒不支付这笔巨额债务，并对怀特先生进行隐瞒。

这些游戏持续了十年，其基础是，每一次都将是最后一次，之后就不一样了。是的，在之后的几个月里的确如此。

怀特先生非常聪明。他在治疗过程中没有依靠治疗师的帮助，而是自己分析了这个游戏，并设计了有效的治疗方法。经双方同意，怀特先生和怀特太太将所有账户都放到他的名下。怀特太太继续负责记账和付款。但是，怀特先生必须首先过目，控制支出。通过这种方式，无论是存款还是透支，都不能越过他。现在，他们共同分担预算任务。失去了"看看你让我做了什么"和"是你让我陷入这种境地的"带来的满足感和好处，怀特夫妇起初不知所措。后来，他们被迫以更开放和建设性的方式从对方身上寻找满足感。

✤ 反命题

一级"看看你让我做了什么"的反命题是让玩家一个人待着。二级"看看你让我做了什么"的反命题是把决定权还给怀特先生。一级玩家可能会感到孤独，但很少生气；二级玩家如果被迫采取主动，会不高兴。结果，系统性的"反'看看你让我做了什么'"游戏可能带来不愉快的后果。三级"看看你让我做了什么"的反命题是应该交到有能力的专家手里。

♣ 部分分析

游戏的目的是试图证明，从动力学角度来看，"轻度形式"可能与生理有关，而"重度形式"可能与心理焦虑带来的愤怒有关。这一点孩子很容易习得。外部心理收益（即逃避责任）非常明显。这种游戏往往是由迫在眉睫的亲密威胁促成的，因为"正当的愤怒"为回避性关系提供了一个很好的借口。其存在主义的立场是："我无可指责。"

♣ 注解

感谢加州奥克兰酒精中毒治疗和教育中心的罗德尼·纳斯博士和弗朗西丝·马森太太；感谢肯尼斯·埃弗斯博士、R. J. 斯塔瑞尔博士、罗伯特·古尔丁博士和其他对这个问题特别感兴趣的人，感谢他们在"酒鬼"这个游戏的研究中所做的持续努力，以及他们对当前讨论的贡献和评论。

注释:

1. Berne, E. *A Layman's Guide to Psychiatry & Psychoanalysis*. Simon & Schuster, New York, 1957, p. 191.

2. Mead, M. *Growing Up in New Guinea*. Morrow, New York, 1951.

第七章

婚姻游戏

几乎任何游戏都可以成为婚姻生活和家庭生活的脚手架。但是，有些游戏，如"要不是因为你"更受欢迎一些。婚姻关系中成熟的游戏包括"困境""法庭""饱受折磨""要不是因为你""瞧我多努力"和"宝贝儿"等。

1. 困境

✤ 命题

与大多数游戏相比，"困境"更加清楚地表明了它在阻碍亲密关系方面的操控能力和作用。令人感到矛盾的是，它包含了虚伪拒绝参与别人游戏的成分。

（1）怀特太太建议丈夫一起去看电影，怀特先生同意了。

（2a）怀特太太"无意当中"说错话了。她在谈话中很自然地提到了房子需要粉刷这件事。这可不是一个小数目。而且，怀特最近已经告诉过她，家里的财政很紧张。他跟她说，至少在下个月开始之前，不要暗示不寻常的支出，以免让他感到尴尬或烦恼。因此，这个时候提出粉刷房子的事很不合时宜。难怪，怀特的回应很粗鲁。

（2b）换一种情况：怀特把话题转到房子上，让怀特太太忍不住说出房子需要粉刷一下。和前面的情况一样，怀特的回应很粗鲁。

（3）怀特太太生气了。她说，如果怀特心情不好，她就不和他一起去看电影了，他自己去好了。怀特说，如果她真是这样想的，他就自己去。

（4）怀特先生去看电影（或者和孩子们一起出去），留下怀特太太一个人在家里舔舐自己受伤的感情。

这个游戏里可能有两个"机关"：

A. 根据以往的经验，怀特太太很清楚，她不应该把怀特先生的烦恼当回事。他真正想要的是妻子能够理解他工作养家不容易；那样，他们就可以一起开心地出去了。但是，她偏偏不那么"玩"，这让他感到很扫兴。他带着一肚子失望和不满离开了，而她自己待在家里生闷气，但内心却有一种神秘的胜利感。

B. 根据以往的经验，怀特非常清楚，他不应该把太太的赌气当回事。她真正想的是怀特用甜言蜜语把她哄出来；那样，他们就可以一起开心地出去了。但是，他偏偏不那么"玩"，知道她的拒绝是有口无心的。他知道，她想让他哄她，但是，他假装自己不想。他离开家时，心情愉快，如释重负，但看上去很委屈。她感到失望和不满。

简单地说，在两种情况下，胜利者的立场都是无可指责的。双方均按字面意思去理解对方的话。这在 B 中更为明显。怀特先生按字面意思去理解怀特太太的话。他们都知道那是骗局。但是，既然她话已出口，也就走投无路了。

这里，最明显的收获是外在心理层面的。因此，他们中的任何一个人，如果想要避免亲密关系，就会按（2a）或（2b）的步骤开始游戏。当然，"感到委屈"的一方找到了一个很好的理由，"陷入困境"的一方则更是无能为力。

✤ 反命题

这对怀特太太来说十分简单。她所要做的就是改变主意，挽着丈夫的胳膊，笑着和他一起出去（即从儿童自我状态转变到成人自我状态）。对怀特先生来说，要困难一些，因为她现在握有主动权。但是，如果他回顾一下整个情况，也许会哄她一起出去，要么以得到安抚的愠怒的儿童自我状态，要么以成人自我状态。如果是后者，那就更好了。

可以看出，"困境"与其他与儿童有关的家庭游戏有所不同，它类似于巴特森及其同事描述的"进退两难的处境"[1]。在这里，儿童陷入困境，无论他做什么都是错的。根据巴特森学派的观点，这可能是精神分裂症的一个重要病因。用当今的话来说，精神分裂症可能是儿童对"困境"的反抗行为。用游戏分析治疗成年精神分裂症患者的经验证明了这一点。也就是说，如果对"困境"这一款家庭游戏进行分析可以证明精神分裂症过去是、现在仍然是对游戏的反抗行为，那么，部分或全部的缓解将发生在准备充分的患者身上。

"困境"常见的形式是全家人一起玩，而这种游戏最容易影响年幼孩子的性格发展。所谓困境，往往是由爱管闲事的父母自我状态造成的。父母要求孩子在家里帮忙。可是，真要帮忙时，父母又会对其所作所为吹毛求疵。这是典型的"左也不是右也不是"的例子。这种"进退两难的处境"可以简称为"两难型困境"。"困境"有时是导致儿童哮喘的一个病因。

小女孩：妈妈，你爱我吗？

母亲：爱是什么？

这个答案让孩子失去了直接追索权。孩子想谈论妈妈，妈妈却把话题转到女孩无法理解的哲学问题上。她开始呼吸困难，母亲怒了；孩子哮喘开始发作，母亲道歉，于是，"哮喘游戏"开始了。这种"哮喘型困境"游戏还有待进一步研究。

还有一种优雅的变体，叫作"罗素—怀德海型困境"。它有时发生在治疗小组中。

布莱克："不管怎样，当我们沉默的时候，没有人在玩游戏。"

怀特："沉默本身可能就是一个游戏。"

瑞德："今天没人玩游戏。"

怀特："但是，不玩游戏本身可能就是一个游戏。"

治疗的反证同样优雅，逻辑悖论是禁止的。当怀特被剥夺了这一策略，他潜在的焦虑很快就显现出来了。

"午餐袋"这个婚姻游戏，一方面与"困境"紧密相连，另一方面又与"衣衫褴褛"紧密相连。丈夫完全有能力在一家豪华餐馆吃午饭，但他却每天早上给自己做几个三明治，装在纸袋里，带到办公室。这样，他就把面包皮、晚餐的剩菜和妻子留给他的纸袋全部用光。这使他完全控制了家庭的经济支出。试想一下，面对丈夫的自我牺牲，哪个妻子敢给自己买一条貂皮披肩呢？为此丈夫还得到了许多别的好处。比如，自己单独吃午饭的特权，以及在午饭时间继续工作的特权。从许多方面来说，这是一个建设性的游戏。要是本杰明·富兰克林健在的话，一定会鼎力支持的，因为他倡导节俭、勤奋和守时的美德。

2. 法庭

✤ 命题

从描述的角度来看，这属于在法律中能找到的表达最为华丽的游戏，包括"木腿"（精神错乱的抗辩）和"债务人"

（民事诉讼）。临床上，它最常见于婚姻咨询和婚姻心理治疗小组。事实上，一些婚姻咨询和婚姻心理治疗小组是由一个永久的"法庭"游戏组成的。在这个游戏中，什么问题也没有解决，因为游戏永远不会停止。很明显，在这种情况下，咨询师或治疗师都不知不觉地深度参与到这个游戏当中。

"法庭"这个游戏几个人玩都可以，但基本上是个三人游戏，包括原告、被告和法官，分别由丈夫、妻子和治疗师扮演。如果它是在治疗小组中或广播、电视上进行的，那么其他人将扮演陪审团成员。丈夫首先开口，他伤心地说道："让我告诉你（妻子的名字）昨天做了什么。她……"接着，妻子辩解道："事情是这样的……此外，在那之前，他……不管怎么说，那时，我们俩都……"丈夫颇有风度地补充道："好吧，我很高兴大家能听到事情的两个方面。我只想要公平。"此时，咨询师审慎地说道："在我看来，如果我们考虑一下……"如果有观众的话，治疗师可能会对他们说："好吧，让我们听听别人是怎么说的。"或者，如果这个小组是经过训练的，他们在扮演陪审团时，无须治疗师的任何指导。

✤ 反命题

治疗师对丈夫说："你是完全正确的！"如果丈夫听后表示出洋洋得意或胜券在握的样子，治疗师会追问："你觉得我说得怎么样？"丈夫回答说："很好。"这时，治疗师又会说："其实，我觉得是你的错。"如果丈夫是老实人，他会说："我一直都是这么想的。"如果他不诚实，将做出一些反应，表明游戏正在进行当中。然后，就可以深入探讨了。这个游戏的关键在于，就在原告公开叫嚣胜利的同时，他实质上已经承认自己错了。

在收集了足够的临床资料对此事进行澄清之后，该游戏可以通过一个策略加以制止，而这是整个反证艺术中最优雅的一个策略。治疗师制定了一条规则，禁止在小组中使用第三人称（语法上的）。因此，成员们只能直接称呼对方为"你"，称呼自己为"我"，却不能说"让我给你讲讲他的事"或"让我给你讲讲她的事"。这时，这对夫妇完全停止在小组中的游戏，转向"宝贝儿"（这是一种进步）或"此外"

（这个游戏一点帮助也没有）。"宝贝儿"会在后面进行描述。

在"此外"中，原告会提出一个又一个指控。被告对每一个指控的回答都是"我来解释"。原告根本不关心被告的解释。然而，被告一旦停下来，原告就会用另一个"此外"开始下一轮起诉，随后是被告的解释。这是典型父母自我状态和儿童自我状态的交流。

偏执的被告最爱玩"此外"这个游戏。由于他们直来直去，很容易挫败用幽默或比喻来表达自己的原告。一般来说，比喻是"此外"游戏中最需要避免的陷阱。

在日常生活中，"法庭"在儿童当中相当普及，是个三人游戏，即两个兄弟姐妹加上一个父母。"妈妈，她拿走了我的糖果。""没错。可是，他拿走了我的洋娃娃。在那之前，他还打了我。我们本来说好要分享糖果的。"

分 析

命题： 他们不得不说我是对的。

目标：安慰。

角色：原告、被告、法官(和/或陪审团)。

动力：手足之争。

例子：（1）孩子吵架，父母干预；（2）已婚夫妇，寻求"帮助"。

社交范式：成人自我状态——成人自我状态。

成人自我状态：这就是她对我所做的事情。

成人自我状态：真实的情况是这样的。

心理范式：儿童自我状态——父母自我状态。

儿童自我状态：告诉我我是对的。

父母自我状态：这个是对的。或者：你俩都对。

步骤：（1）投诉——辩护；（2）原告提出反驳、让步或做出善意姿态；（3）法官的裁决或对陪审团的指示；（4）最终裁决。

获益：（1）内在心理层面——罪责的投射；（2）外在心理层面——免于追究；（3）内在社交层面——"宝贝儿"；（4）外在社交层面——"法庭"；（5）生物层面——法官和陪审团的安抚；（6）现实层面——压抑的立

场，我总是错的。

--- ❧

3. 冷淡的女人

丈夫向妻子示好，遭到拒绝。过了一段时间，丈夫再次尝试，结果又碰了一鼻子灰。最终，他放弃了，不再做任何努力。几周过去了，几个月过去了，妻子变得越来越不拘小节，时常忘事。最后，以屋门砰的一声关上而告终。

后来，有一天晚上，妻子居然主动亲近他，还吻了他。一开始，他没有反应，依然记得自己暗暗下定的决心。但是，很快，遭受长期"饥荒"之后，本能占了上风。他觉得应该没有问题了。起初的试探没有遭到拒绝，他变得越来越大胆了。就在关键时刻，妻子退后一步，大声说道："我跟你说什么来着？我要的是感情，可是，你只对性感兴趣。"

应当注意的是，尽管丈夫提出了抗议，但是，他和妻子一样，也害怕亲密接触。现在，他可以把一切责任都推到妻子身上了。

在日常生活中，这种游戏受到不同年龄段未婚女性的青睐，很快便成了她们身份的"标签"。与此同时，它常常和"愤怒"或"挑逗"游戏融为一体。

♣ 反命题

这是一个危险的游戏，反证可能同样危险。找外遇是一场赌博。面对如此强劲的对手，妻子可能会放弃游戏，试图恢复正常的婚姻生活，可也许已为时过晚。另一方面，她可能会利用这段恋情，通常在律师的帮助下，玩起"总算逮住你了"的游戏，来对付自己的丈夫。如果丈夫接受心理治疗而她不拒绝，那么，结果同样不可预测。随着丈夫变得越来越强大，及时做出健康的调整，妻子的游戏可能会崩溃。但是，如果她依旧强硬，丈夫可能会选择离婚。如果可能的话，最好的解决办法是双方共同参加一个沟通型婚姻小组。那样的话，游戏的潜在优势和基本的两性病因就都可以暴露出来了。有了这样的准备，夫妻双方都会对强化个人心理治疗有所兴趣，结果可能会导致心理意义上的再婚。即便不是这样，至少一方可能会对当下的婚姻状态进行比较明智的调整。

在日常情况下，一个比较得体的反证是寻找另一个社交伴侣。一些更精明或更残忍的反证是邪恶的，甚至是犯罪的。

❧ 关联

相反的游戏——"冷淡的男人"——并不常见，但它采用了大致相同的路线，只是在细节上有所不同。最终的结果取决于双方各自的脚本。

狄更斯在《远大前程》中描述的那个拘谨的小女孩就是"冷淡的女人"的早期翻版。她穿着挺括的衣服出来，让小男孩给她做一个泥团。接着，她嘲笑他的脏手和脏衣服，并告诉他自己有多干净。

分 析

命题：总算逮住你了。

目的：辩护。

角色：合适的妻子，不体贴的丈夫。

例子：（1）谢谢你的泥团，你这个小脏孩；（2）挑逗的、性冷淡的妻子。

社交范式：父母自我状态——儿童自我状态。

父母自我状态：我让你给我做个泥团（吻我）。

儿童自我状态：我很乐意。

父母自我状态：看你多脏啊。

心理范式：儿童自我状态——父母自我状态。

儿童自我状态：看你能不能诱惑我。

父母自我状态：如果你阻止我，我会尽力的。

儿童自我状态：瞧，是你先开始做的。

步骤：（1）引诱——回应；（2）拒绝——顺从；（3）挑衅——回应；（4）拒绝——骚动。

获益：（1）内在心理层面——从施虐幻想的罪恶感中走出来；（2）外在心理层面——避免恐惧的暴露和渗透；（3）内在社交层面——"骚动"；（4）外在社交层面——你如何对待脏兮兮的男孩（丈夫）；（5）生物层面——抑制性游戏和好战的互动；（6）现实层面——我是纯洁的。

4. 饱受折磨

这是一个"饱受折磨"的家庭主妇玩的游戏。她的处境要求她承担十种或十二种不同的工作。换句话说，她需要优雅地扮演十个或十二个不同的角色。《周日》(增刊)上时不时地会刊登一些半开玩笑的职业或角色清单，如女主人、母亲、护士、女佣等。由于这些角色通常都是相互冲突、使人疲惫的，因此，时间久了，她们就会患上典型的"家庭主妇膝盖症"的毛病(因为摇摆、擦洗、抬起、驾驶等)。其症状可以简单地概括为："我累了。"

如果家庭主妇能按自己的节奏，在善待丈夫和孩子中找到足够的满足感，那么，她将不仅仅是在工作，更是在享受这 25 年。因此，等家中最小的孩子去上大学时，她的心里还会留下淡淡的忧伤。但是，如果她在受内在父母自我状态驱使的同时还要接受丈夫的责难，又不能从热爱家人中获得足够的满足，那么，她可能会变得越来越不快乐。起初，她

116

可能试图用"要不是因为你"和"瑕疵"带来的益处安慰自己（事实上，每一个家庭主妇在遇到困难时都会求助于此）。但是，这些很快就无法帮她支撑下去了。于是，她不得不寻找别的出路，那就是"饱受折磨"这个游戏。

这个游戏的主题很简单。她承担了所有的事情，甚至还会主动找事来做。她接受丈夫的所有批评，满足孩子的一切要求。如果她不得不在晚餐上招呼大家，那么，她会同时扮演很多角色：健谈者、家庭主妇、仆人、室内装潢师、宴会承办人、魅力女郎、童贞女王和外交官等，而且，还会扮演得十分完美。第二天早上，她还会主动烤一个蛋糕，带孩子们去看牙医。如果她开始感到很烦，那么，这一天算是交待了。到了下午，她理所当然地倒下了，什么也没做成。她辜负了丈夫、孩子和客人；她自责之后，更加痛苦。类似情况发生两三次后，她的婚姻将处于危险之中。孩子们不知所措。至于她呢？体重下降了，头发凌乱了，脸蛋憔悴了，鞋子磨损了。随后，她出现在精神病医生的诊所里，准备住院了。

♣ 反命题

逻辑上的反证很简单：怀特太太可以在一周内连续扮演她的每一个角色，但她必须拒绝同时扮演两个或两个以上的角色。例如，当她举办鸡尾酒会时，她可以扮演宴会承办人或保姆，但不能兼而有之。如果她患上了家庭主妇膝盖症，也许可以此来限制自己。

然而，如果她正在玩"饱受折磨"这个游戏，那么，她将很难做到这一点。果真如此，她那个精挑细选、在其他方面还算通情达理的丈夫，如果发现自己不如他想象中的那样能干，就会批评她。实际上，她是嫁给了他的幻想（那个他心目中的父母自我状态中的母亲），这和她对母亲或祖母的幻想十分相似。如今，嫁给了一个不错的伴侣，她的儿童自我状态开始适应这个维持心理平衡所需的烦人但必要的角色。关键是，在这一点上，她也是不会轻易放弃的。丈夫承担的职业责任越多，他们就越容易找到成年人自我状态式的理由，以保护他们关系中不健康的东西。

当这一立场变得站不住脚时（通常是因为学校代表不开

心的孩子进行官方干预），心理医生便应招介入，使之成为一个三人游戏。此时，丈夫希望精神病医生对妻子进行彻底检查，而妻子则希望他和自己联手对抗丈夫。接下来的发展取决于精神病医生的业务能力和机敏程度。通常，在第一阶段，妻子的抑郁情绪渐渐得到缓解。第二个阶段是决定性阶段。在这一阶段，她将放弃"饱受折磨"，转而去玩"精神病学"，而这往往会引起夫妻双方越来越多的对抗。有时这种对抗情绪隐藏得很好，然后突然爆发。不过，这都是预料之中的事情。如果这个阶段能平稳度过，真正的游戏分析工作才能开始。

有一点必须认清。那就是，真正的罪魁祸首是妻子的父母自我状态、母亲或祖母。在某种程度上，丈夫只是一个外行，选来扮演游戏中的一个角色，仅此而已。治疗师需要挑战的不仅是妻子的父母自我状态和她的丈夫（丈夫在游戏中的角色不可小觑），还有促使她屈服顺从的社会环境。《家庭主妇角色清单》那篇文章发表后的第二周，《周日》上又刊登了一篇文章，题目是《我做得怎么样？》。文章中有十个选项，以此来确定"你是一个多好的女主人（妻子、母亲、管家、预算员）？"。对于玩"饱受折磨"的家庭主妇来说，这相当于儿童游戏附带的小传单或游戏规则说明。这可能有助于加速"饱受折磨"游戏的演变。如果不加以制止，最后会转向另一个游戏"州立医院"（医院是我最不想去的地方）。

对这样的夫妇来说，一个实际困难是，丈夫除了玩"瞧我多努力"游戏之外，不愿意参与治疗，因为他心里很不安，只是不愿意承认罢了。相反，他可能会通过发脾气间接向治疗师发送信息，因为他知道，妻子肯定会告诉治疗师，说他的脾气不好。因此，"饱受折磨"很容易发展成一个"生—死—离婚"大战的三级游戏。精神病医生在生活中几乎是孤独的，只有患者饱受折磨的成人自我状态在协助他，而患者正忙着与丈夫的三种自我作殊死一搏。此时，丈夫的同盟是妻子内在的父母自我状态和儿童自我状态。这是一场戏剧性的战斗，赔率为 2：5，是对无游戏专业治疗师技能的考验。如果他畏缩了，可以采取简单的办法，把患者放在离婚法庭的祭坛上。这等于说："我输了。你和他决斗去吧。"

5. 要不是因为你

✤ **命题**

这个游戏的详细分析已经在第五章讲过了。从历史上看，这是继"为什么你不……是啊，可是……"之后发现的第二个游戏。在那之前，"为什么你不……是啊，可是……"仅仅被认为是一个有趣的现象。随着对"要不是因为你"的进一步发掘，很明显，一定存在一个基于隐匿沟通之上的完整的社会行为范围。这导致了对这种行为更积极的探索，这里呈现的只是其中一部分。

简而言之，一个女人嫁给了一个盛气凌人的男人。这样，他就可以限制她的活动，从而防止她陷入令自己恐惧的境地。如果这是一个简单的操作，她可能对他的所作所为表示感激。可是，在"要不是因为你"这个游戏中，她的反应却截然相反。她借此抱怨各种限制，让丈夫感到不安，从而使自己得到很多好处。这个游戏就是内在社交获益。外在社交获益是她和脾气相投的女友一起玩的衍生游戏——"如果不是因为他"。

6. 瞧我多努力

✤ **命题**

　　临床上，这是一个三人游戏。最常见的形式是一对夫妇加上一名精神病医生。丈夫（通常）不顾对方反对，极力主张离婚，而妻子则真心希望婚姻能继续下去。他无奈之下来找治疗师。他说话时很有分寸，以此向妻子证明他是很配合的。通常，他会玩"精神病学"或"法庭"之类的游戏。随着时间的推移，他要么假装顺从治疗师，要么与他针锋相对。在家里，他先是表现出更多的"理解"和"克制"，最后却表现得比以往任何时候都要糟糕。看了治疗师一次、五次或十次之后（这完全取决于治疗师的技术），他就不再来了，而是去打猎或者钓鱼。妻子随后被迫提出离婚。这样一来，就没有什么好指责丈夫的了，因为是妻子采取了主动，而他也通过去看心理医生证明了自己的诚意。他完全可以对任何一个律师、法官、亲戚朋友说：

"瞧我多努力！"

⚜ 反命题

夫妻二人一起现身。假设其中一个（姑且说是"丈夫"吧）很明显是在玩这个游戏，而另一个（妻子）在接受个人治疗。这时，丈夫就会被打发回家，理由是他还没有准备好接受治疗。此时，他仍然可以提出离婚，但代价是放弃他努力争取的地位。如有必要，妻子也可以提出离婚。而且，由于她真心努力过，地位得到了极大的改善。最好的结果是，游戏结束后，丈夫进入了绝望状态，之后，便心甘情愿地到别处寻求治疗了。

按常理说，这是一个二人游戏，一方是孩子，另一方是父母。玩这个游戏的理据要么是"我无能为力"，要么是"我无可指责"。孩子尝试了，但是搞砸了。如果他真的"无能为力"，父母就得替他上场。如果他真的"无可指责"，父母就没有惩罚他的合理理由。这就揭示了该游戏的原理。父母应该明白两点：①是谁教孩子玩这个游戏的？②怎样才能使之永久延续下去？

这个游戏有一个很有趣但有时也很可怕的变体，那就是"瞧我当时多努力"。这通常是一款难度更高的游戏，或者说，是一款"二级"或"三级"游戏。我们可以通过一个努力工作的胃溃疡患者的例子来说明。有许多身体残疾的人都想方设法应对自己的处境，他们完全可以以合法的方式寻求家人的帮助。然而，这种条件也可能被用于不可告人的目的。

一级：一个男人告诉妻子和朋友，他得了溃疡。他还说，他将一直工作下去。这让大家对他肃然起敬。也许，一个身患病痛的人有权炫耀一下，作为对其痛苦的一种可怜的补偿。他应该因没玩"木腿"游戏而得到应有的赞扬，也应该因继续履行自己的义务而得到一些奖励。在这种情况下，对"瞧我当时多努力"的礼貌回答是："是的，我们都非常钦佩你的毅力和责任心。"

二级：一个男人得知自己得了溃疡，但却对他的妻子和朋友保密。他一如既往地工作着，同时，也暗暗担心着。有一天，他终于崩溃了，病倒在岗位上。当妻子收到通知时，同时也得到了这样一个信息："瞧我当时多努力。"现在，她应该倍加欣赏他，为自己过去说过的话和做过的事感到内疚。简而言之，以前，他百般讨好她，都失败了。如今，她应该好好爱他。可对丈夫来说，不幸的是，她在此时表现出来的关爱都是出于内疚，而不是感情。在内心深处，她可能会怨恨他，因为他对她不公。换句话说，他隐瞒了自己的病情，所以，对她来说是不公平的。总之，作为求爱的手段，一个钻石手镯总比一个穿了孔的胃要好吧。她完全可以把珠宝扔回去，但她不能因他得了溃疡而心安理得地走开。所以，一场突如其来的重病更可能让她感到自己陷入了困境，并非是丈夫的爱赢得了自己的芳心。

通常，在患者第一次听说自己陷入渐进式残疾之后，马上就能发现这个游戏。如果他打算玩这个游戏，那么，他的脑海里可能会闪现出一个整体计划，并通过对当前处境的仔细的精神病学检查得以恢复。实际上，真正恢复的是其儿童自我状态在得知自己生病后的窃喜，而这一点却被其成人自我状态对疾病引起的实际问题的担忧所掩盖。

三级：更为可怕、更为险恶的是因为重病而突然自杀。溃疡发展为癌症，妻子却一直蒙在鼓里。有一天，妻子走进浴室，发现丈夫躺在地上，早已没气了。留下的字条上清楚地写着："瞧我当时多努力。"如果一个女人两次碰到这样的事情，就该好好反省一下了。

分 析

命题：他们不能摆布我。

目的：证明。

角色：坚定的，迫害者，权威。

动力：肛门强迫。

例子：（1）儿童打扮；（2）配偶强烈要求离婚。

社交范式：成人自我状态——成人自我状态。

成人自我状态：是该（穿衣服了；去看精神科医生了）。

成人自我状态：好的，我试试吧。

心理范式：父母自我状态——儿童自我状态。

父母自我状态：我让你（穿衣服；去看精神科医生）。

儿童自我状态：瞧，不好使吧。

步骤：（1）建议——抵抗；（2）压力——屈从；（3）赞同——失败。

获益：（1）内在心理层面——从攻击的罪恶感中走出来；（2）外在心理层面——逃避家庭责任；（3）内在社交层面——瞧我多努力；（4）外在社交层面——同前；（5）生物层面——好战的互动；（6）现实层面——我无能为力（无可指责）。

-- ✤

7. 宝贝儿

 命题

这个在婚姻小组治疗的早期阶段表现得最为明显，那时，双方都有戒心。此外，这也出现在社交场合。怀特先生以逸事的形式对怀特太太说了一句略带贬损的话。末了，他又加上一句："你说对吗，宝贝儿？"怀特太太基于两个表面上的成人自我状态理由倾向于同意：①逸事的主要内容还是比较准确的，因此，对那些次要细节（实则是沟通的关键）

持不同意见则显得过于迂腐；②在公共场合反对一个叫自己"宝贝儿"的男人似乎是不太礼貌的。然而，从心理学的角度来说，她之所以同意，是因为她的抑郁状态。她之所以嫁给他，是因为她知道他会这么做，即他会暴露她的不足，从而避免她自我暴露时的尴尬。小时候，她的父母就是这样对她的。

除了"法庭"以外，"宝贝儿"是婚姻中最常见的游戏。形势越紧张，游戏越容易暴露，"宝贝儿"这个词儿就越刺耳，直到潜在的怨恨变得十分明显。仔细考虑后可以发现，"宝贝儿"这个游戏是"笨蛋"的亲戚，因为最重要的"步骤"是，怀特太太偷偷原谅了她极力回避的怀特先生的怨恨。因此，"反'宝贝儿'"和"反'笨蛋'"极其类似："你可以说一些有损于我的逸事，但请不要叫我'宝贝儿'。"这个反证与"反'笨蛋'"同样的危险。一个危险不大，且十分老到的反证应该是："是的，宝贝儿！"

在另一种情况下，妻子并不同意，而是用类似"宝贝儿"式的轶事回应丈夫。这样，她就会说："宝贝儿，你的脸也很脏。"

有时，爱慕的话语并没有真正表达出来。但是，对于一个细心的倾听者来说，即使没有说出来，也照样能够听到。这就是沉默型的"宝贝儿"。

注释:

1. Bateson, G., et al. "Toward a Theory of Schizophrenia." *Behavioral Scienc*, 1: 251–264, 1956.

第八章

聚会游戏

派对是为了消遣，消遣是为了派对（包括小组会议正式开始之前的那段时间）。但是，随着彼此之间不断地熟悉，游戏开始出现。"笨蛋"和他的受害者认出彼此，就像"大爸爸"和"小老人"一样。所有熟悉但被忽视的选择过程都在进行当中。在此，我们将要讨论四种普通社交场合常玩的游戏："太可怕了""瑕疵""笨蛋"和"你为什么不……是啊，可是……"。

1. 太可怕了

♣ 命题

这种游戏有四种重要的形式：父母自我状态的消遣、成人自我状态的消遣、儿童自我状态的消遣和儿童自我状态的游戏。在消遣中，没有结局或获益，有的只是很多不值得的感觉。

（1）"现如今"是一种自以为是的、惩罚性的甚至是恶毒的父母自我状态的消遣。从社会学的角度来看，它在某些类型的收入不高的独立中年女性当中比较有市场。有一个这样的女人，刚一开始，便遭遇冷场，这和她平时圈子里的火爆场面截然不同。于是，她就选择退出了治疗小组。在这个较为高级的小组中，人们习惯了游戏分析。可是，当怀特开始说话时，我们发现，她们明显没有归属感。他说："说到不能相信他人，也难怪，现如今大家会有这种想法。那天，我在查看一个房客的写字台，你简直不敢相信我发现了什么。"她知道现如今大多数社区问题的答案。比如，价格上涨，是因为如今的商人过于贪婪。她明确表示，她本人对自己的不良儿子和不良房客从不手软。

"现如今"与闲言碎语的区别在于它的口号——"这并不奇怪"。开场可能都是一样的（如，他们都说那个某某某）。但是，在"现如今"里，有发展方向，有结局，也许还会有"解释"，而闲言碎语只是满嘴跑火车而已。

（2）"破损的皮肤"是一个比较仁慈的成人自我状态的变体，其口号是"真可惜！"，尽管潜在的动机同样是病态的。"破损的皮肤"触及的主要是血液流动问题，这基本上算是一个非正式的临床座谈会。每个人都可以提出一个案例，越恐怖越好，细节越多越好。面部受伤、腹部手术和难产都是可以接受的话题。在这里，与闲言碎语的区别在于对抗和手术的复杂性，病理解剖、诊断、预后和比较案例研究都是他们系统研究的内容。好的预后在闲言碎语中可以得到大家的认可。但是，在"破损的皮肤"中，除非大家明显不真诚，否则，极有可能引发资格审查委员会召开秘密会议，因为玩家并非是"同案犯"。

（3）"办公室"或"茶歇"是一个儿童自我状态的消遣，其口号是"看看他们正在对我们做些什么"。这是一个组织变体，是在天黑以后以温和的政治或经济形式进行的，称作"酒吧椅"。它实际上是个三人游戏，王牌通常是在一个叫作"他们"的影子人物手中。

（4）作为一款游戏，"太可怕了"在多次手术症患者身上找到了最戏剧性的表达，他们之间的沟通展示了游戏的特征。这些人是"医院迷"，即便面对医生强烈的反对，也要积极寻求手术治疗。住院、手术和经历本身，各有各的益处。内在心理益处在于身体的伤残；外在心理益处在于，除了完全屈服于外科医生之外，可以避免所有亲密关系和责任；生物学获益的具体表现就是得到护理；内在社交获益来自医护人员，也来自其他患者；患者出院后，外在社交获益是通过激起同情和敬畏而获得的。在其极端的形式中，这种游戏成了欺诈成性、顽固不化的医疗事故索赔者的职业游戏，他们有意无意将自己弄残，以此来谋生。他们不仅像业余玩家那样要求同情，而且还要求赔偿。当玩家公开表达痛苦，暗地里却对从不幸中得到满足沾沾自喜时，这就变成了一场游戏。

一般来说，遭受不幸的人可以分为三类。

（1）对第一类人来说，痛苦是不请自来的，不是他们想要的。这些人可能会，也可能不会，利用如此容易得来的同情。有些同情可以利用，很自然，也常常能得到理解。

（2）对第二类人来说，痛苦也是不请自来的。但是，他们会因痛苦带来的机会而感激不尽。在此，游戏属于"马后炮"，也就是弗洛伊德所说的"次生晶粒"。

（3）第三类人则是主动寻找痛苦。这些人就像多次手术症患者一样，一个外科医生一个外科医生地找，直到找到一个愿意为其做手术的人。在此，"游戏"是他们的重中之重。

2. 瑕疵

这个游戏是日常生活中很大一部分小纠纷的根源。它是从压抑的儿童自我状态——"我不好"的角度玩的，然后，悄悄转换成父母自我状态——"他们不好"。游戏者的沟通问题就是要去证明后一个命题。因此，"瑕疵"玩家不喜欢与生人玩游戏，除非他们也发现了生人的"瑕疵"。在极端情况下，它可能成为一个独裁者玩的极权政治游戏，从而产生严重的历史影响。因此，它与"现如今"的密切关系是显而易见的。在相对封闭的社会里，人们通过玩"我过得怎么样？"这个游戏获得积极的安慰，而"瑕疵"带来的却是消极的安慰。部分分析可以帮助我们进一步弄清这个游戏的一些原理。

前提可能是从最琐碎和最无关紧要的东西（"去年的帽子"），到最愤世嫉俗的（"银行里没有7000美元"存款）、险恶的（"不是100％雅利安人"）、深奥的、亲密的（"不能持续勃起")或复杂的东西（"他想证明什么？"）。从心理动力角度来看，其目的是获得心理安慰。从沟通角度来看，它伴有窥探、警惕和病态的好奇等特点。有时，父母或成人自我状态的关心掩盖了儿童自我状态的兴趣。其内在心理获益是可以避免抑郁症，其外在心理获益是可以避免亲密关系，因为这种关系可能会暴露怀特自己的瑕疵。怀特觉得，他有理由拒绝一个不时髦的女人、一个没有经济支持的男人、一个非雅利安人、一个文盲、一个无能的男人或一个没有安全感的人。与此同时，窥探提供了一些具有生物获益的内部社交行为，而外在社交获益是"睦邻型的'太可怕了'的家庭"。

　　一个有趣的现象是，怀特对前提的选择与智力或成熟程度无关。应该说，这名男子在其成人自我状态中是很有能力的。然而，一旦玩上"瑕疵"这样的父母自我状态游戏，就会岔离主题，提及这些无关紧要的事情。

3. 笨蛋

♣ 命题

"施莱米尔"（schlemiel，本书里同名游戏译为"笨蛋"。——译者注）一词并不是指查米索小说中的主人公[1]，一个没有影子的男人，而是一个流行的依地语词，与德语和荷兰语中的"狡猾"类似。"施莱米尔的受害者"有点像保罗·德·科克笔下的"好心人"，也就是俗称的"施莱玛兹尔"（Schlemazl）。一个典型的"施莱米尔"（或"笨蛋"）游戏的步骤如下：

1W. 怀特把威士忌调酒洒在女主人的晚礼服上了。

1B. 布莱克（男主人）起初很生气，但他隐约觉得，如果自己表现出来了，怀特就赢了。因此，布莱克恢复镇定，这反而让他有了一种赢了的错觉。

2W. 怀特说："对不起。"

2B. 布莱克或嘟囔着或大声喊着"没什么"，这大大强化了他赢了的错觉。

3W. 怀特开始毁坏布莱克的财产。他打破家什，泼溅东西，制造各种混乱。烟头烧着了桌布，椅子腿穿过了蕾丝窗帘，肉汁儿洒在了地毯上。经过一番折腾之后，怀特的儿童自我状态变得非常兴奋，因为在此过程中他玩得很开心。就在布莱克表现出令人满意的痛苦自制力时，怀特的所作所为却得到了原谅。因此，他们两人都从不幸的情况中获利，而且，布莱克也不一定急于终止友谊。

和在大多数游戏中一样，发起游戏的怀特无论如何都会胜出。如果布莱克表现出愤怒，那么，怀特就会认为自己有理由针锋相对。如果布莱克克制一下，怀特可以继续享受自己的机遇。然而，这个游戏的益处不是破坏带来的愉悦（这只是怀特得到的额外奖励而已），而是他获得原谅这一事实。这直接引出了反命题。

♣ 反命题

"反'笨蛋'"游戏的原理就是不满足玩家的赦免请求。

在怀特说"对不起"之后，布莱克并没有说"没关系"，而是说"今晚，你可以让我妻子难堪，可以弄坏家具和地毯，但是，请不要说'对不起'"。在这里，布莱克从一个宽容的父母自我状态转变为一个客观的"承担邀请怀特全部责任"的成人自我状态。

怀特游戏的激烈程度可从他的反应中得以体现，其反应有可能是爆炸性的。玩"反'笨蛋'"游戏的人有立即遭到报复的风险，或者至少有树敌的风险。

儿童是以"流产"的形式来进行"笨蛋"游戏的。在这种形式中，他们无法确保总能得到宽恕，但至少他们可以从制造混乱中得到乐趣。然而，当他们学会了如何在社交中左右逢源时，可能会利用自己越来越成熟的优势来获得谅解，这就是上流社会成人社交圈中进行这种游戏的主要目的。

分　析

命题： 我也许很能搞破坏，但仍能得到谅解。

目的： 谅解。

角色：侵略者、受害者（即俗话所说的"施莱米尔"和"施莱玛兹尔"）。

心理动力：肛门攻击。

例子：（1）破坏性极大的儿童；（2）笨手笨脚的客人。

社交范式：成人自我状态——成人自我状态。

成人自我状态：我讲礼貌，你也得讲礼貌。

成人自我状态：那好，我原谅你。

心理范式：儿童自我状态——父母自我状态。

儿童自我状态：意外事故，你必须原谅。

父母自我状态：是的，我得让你看看礼貌是什么。

步骤：（1）挑衅——怨恨；（2）道歉——原谅。

获益：（1）内在心理层面——折腾的快感；（2）外在心理层面——逃避惩罚；（3）内在社交层面——愚笨的人；（4）外在社交层面——愚笨的人；（5）生物层面——挑衅和温柔的安抚；（6）现实层面——我无可指责。

4. 你为什么不……是啊，可是……

♣ 命题

"你为什么不……是啊，可是……"在游戏分析中占有特殊的地位，因为游戏概念发轫于它。这是第一个脱离社会背景的游戏。由于它是游戏分析中最古老的主题，因此，也是最容易理解的主题之一。它也是在聚会和各种小组（包括心理治疗小组）中最常玩的游戏。接下来的例子将说明它的主要特点：

怀特：我丈夫非要自己动手修理房子，可他啥也不会干。

布莱克：他为什么不上木工课呢？

怀特：是啊，可是，他没有时间。

布露：你为什么不给他买一些好用的工具呢？

怀特：是啊，可是，他不知道怎么用。

瑞德：你为什么不找木匠来盖房子呢？

怀特：是啊，可是，那样太贵了。

布朗：你为什么不接受他做事的方式呢？

怀特：是啊，可是，那样房子就塌了。

　　这种交流的后果通常是沉默。最终，格林打破沉默，说："这就是男人，总想炫耀一下自己有多能干。"

　　"你为什么不……是啊，可是……"这个游戏，人数不限。"发起人"提出一个问题，其他人开始提出解决方案。每个人都以"你为什么不……？"开始。对于每一个问题，怀特都要反驳道："是啊，可是……"一个好的玩家可以无限期地与其他玩家"对峙"下去，直到他们一一放弃。于是，怀特获胜。在许多情况下，她可能不得不处理十几个或更多的解决方案，从而让其他玩家垂头认输。这一方面标志着她得胜了，另一方面又为上述范式中的下一场游戏留下了空间，如格林将其切换到"不良丈夫类型的家长教师协会"。

　　由于解决方案大都被否决了，那么，这种游戏显然隐藏着其他目的。"你为什么不……是啊，可是……"这个游戏不是为了表面的目的（即成人自我状态寻求信息或解决方案），而是为了安抚和满足儿童自我状态。光从言语本身来看，怀特呈现的是一个成人自我状态。但是，实际上，她给人的印象却是一个不称职的儿童自我状态。于是，其他人就变成了贤明的父母自我状态，渴望为她分享智慧。

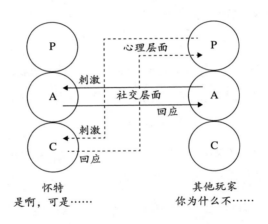

图 8　你为什么不……是啊，可是……

这一点在图 8 中表现得很清楚。游戏之所以能够进行下去，是因为在社交层面上，刺激和反应都是成人自我状态对成人自我状态；在心理层面上，它们也是互补的，即父母自我状态对儿童自我状态的刺激（"你为什么不……"）引发了儿童自我状态对父母自我状态的反应（"是啊，可是……"）。从心理层面来说，双方的行为通常都是无意识的。但是，自我状态的转换（怀特从成人自我状态转换成"不称职"的儿童自我状态；其他人从成人自我状态转换成"明智"的父母自我状态）都逃不过警觉的观察者的眼睛。他们会从姿势、肌张力、声音和词汇的变化中发现这一点。

为了说明其中的含义，我们不妨跟进上面的例子，从中获得些许启发。

治疗师：有人提到过你没有想到的事吗？

怀特：没有。事实上，他们提到的我几乎都尝试过。我的确给我丈夫买了一些工具，他也学了木工课程。

在此，怀特向大家表明，整个过程不能只看表面，原因有二：首先，在大多数情况下，怀特和公司里的任何人一样聪明，别人不太可能提出她自己没有想到的解决方案。如果有人碰巧提出了一个独到的建议，只要怀特不带私心，就会欣然接受。也就是说，如果在场的人有一个足够巧妙的想法来刺激她的成人自我状态，那么，她那"不称职"的儿童自我状态就会让步。但是，习惯了玩"你为什么不……是啊，可是……"的人（比如上面提到的怀特）很少能做到公平行事。另一方面，太容易接受别人的建议又引出了一个问题，即"你为什么不……是啊，可是……"是否掩盖了一个潜在的游戏——"愚蠢"。

上面所给的例子特别具有戏剧性，因为它清楚地说明了第二点。即使怀特已经尝试了别人提出的解决方案，她仍然会坚持反对。游戏的目的不是获取建议，而是拒绝建议。

因为时间结构价值，大多数人都会在适当场合玩这个游戏。然而，如果对钟情于这个游戏的人进行仔细研究，就能发现几个有趣的特征。首先，他们能够，而且也会，同样娴熟地扮演游戏中的任何一方。这种角色的酗酒转换能力适用于所有游戏。玩家可能习惯性地喜欢某个角色，但是，这个可以转换。而且，出于某种原因，他们愿意在同一个游戏中扮演任何角色。比如，在"酒鬼"游戏中，玩家可以从"酒鬼"切换到"救助者"这个角色。

其次，临床实践发现，偏爱"你为什么不……是啊，可是……"的人属于这样一类患者：他们最终都会要求使用催眠术或打催眠针作为快速治疗的方法。玩游戏时，他们的目的是想证明没有人能给他们提出一个可以接受的建议。也就是说，他们永远都不会屈服。而对于治疗师，他们要求能有一个程序，将他们置于完全屈服的状态。因此，"你为什么不……是啊，可是……"明显代表着一种解决屈服冲突的社交方案。

具体而言，这种游戏在害怕脸红的人当中十分普遍。下面的治疗交流很好地展示了这一点。

治疗师：如果你知道这是一个骗局，那为什么还要玩"你为什么不……是啊，可是……"这个游戏呢？

怀特：如果我在和人说话，就得不断思考要说的内容。否则，就会脸红，除非是在暗处。我静不下来。这一点，我自己知道，我丈夫也知道。他总是跟我提到这一点。

治疗师：你的意思是说，如果你的成人自我状态不保持忙碌，你的儿童自我状态就会伺机跳出来，让你感到尴尬？

怀特：是的。所以，我得不停地给别人提建议，或者，让别人不停地给我提建议。那样，就没事了。我就觉得安全了。只要我能控制自己的成人自我状态，就不会尴尬。

在此，怀特清楚地表明，她所害怕的是时间没有得到很好的安排。只要她的成人自我状态能在社交场合保持忙碌，那么，她的儿童自我状态就不会跳出来，而游戏恰恰为成人自我状态的正常运转提供了一个合适的结构。但是，游戏必须有合适的动机，才能持续保持她的兴趣。她对"你为什么不……是啊，可是……"这个游戏的选择受到了"经济原则"的影响：它为其儿童自我状态与身体被动性之间的冲突提供了最大的内在和外在益处。带着同样的热情，她要么处于无法控制的"精明的"儿童自我状态，要么处于妄想控制他人儿童自我状态的"贤明的"父母自我状态。由于"你为什么不……是啊，可是……"这个游戏的基本原则是拒绝接受任何建议，所以，父母自我状态永远不会成功。这个游戏的信条就是："不要惊慌，父母自我状态永远不会成功。"

总之，虽然每一个步骤对怀特来说都很有趣，并且，在拒绝别人建议时也带来了一点点快乐，但是，真正的回报是沉默或伪装的沉默。这种沉默是在所有人已经绞尽了脑汁、厌倦了试图想出可接受的解决方案时出现的。对怀特和他们来说，这意味着，她通过证明他们"不称职"而赢得了胜利。如果沉默没有掩盖起来，可能会持续几分钟的时间。在范例中，格林使怀特的胜利戛然而止，因为她急于开始自己的游戏，所以就没有参与怀特的游戏。后来，怀特表达了自己对格林的不满，因为后者缩短了其胜利的时刻。

　　"你为什么不……是啊，可是……"这个游戏还有一个奇特之处，那就是，其内在的和外在的玩法完全一样，只是角色互换罢了。在外在形式上，临床观察发现，怀特的儿童自我状态，在多方游戏的情况下，扮演的是不称职的求助者的角色。在内在形式上，她和丈夫在家里玩的是更亲密的双人游戏。此时，她的父母自我状态扮演的是明智高效的建议者。然而，这种角色逆转通常是次要的，因为在求爱期间，她扮演的是无助的儿童自我状态；只有在蜜月结束后，她专横的父母自我状态才开始显现出来。随着婚礼的临近，可能会有一些差错。但是，她的未婚夫会忽略这些，因为他渴望和自己精心挑选的新娘子快点安顿下来。如果他没有忽视这些，那么，订婚会因"充分的理由"而取消。此时，带着一肚子伤心却一点都不长记性的怀特将重新踏上寻找合适伴侣的征程。

♣ 反命题

很明显，当怀特抛出她的"问题"时，那些抢先回应她的人是在玩一种形式的"我只是想帮你"。事实上，"你为什么不……是啊，可是……"和"我只是想帮你"是一对相反的游戏。在"我只是想帮你"中，治疗师只有一个，但患者却有很多；而在"你为什么不……是啊，可是……"中，患者只有一个，但治疗师却有很多。因此，在临床中，"你为什么不……是啊，可是……"的对立面就是不玩"我只是想帮你"。如果开头是这样的："如果……你会怎么做？"建议回答："这的确是个难题。你打算怎么办？"如果开头是"×没有正常工作"，那么，回答应该是"真是太糟糕了。"这两种回答都很有礼貌，让怀特不知所措，至少无法引起交错沟通。这样，他的沮丧就显现出来了，而我们就可以对其进行深究了。在治疗小组中，易受影响的患者最好避免玩"我只是想帮你"这个游戏。哪怕有人邀请，也要婉拒。这样，怀特和其他成员都可以从"反'你为什么不……是啊，可是……'"中学到东西，因为它只是"反'我只是想帮你'"的另一面。

在社交场合，如果游戏友好无害，没有理由不参与。但是，如果需要利用专业知识，则可能需要采取相反的行动。在这种情况下，会因怀特儿童自我状态的暴露而引起不满。因此，最好的办法是一开始就远离这个游戏，而去寻找一个较为刺激的一级"挑逗"游戏。

✤ 关联

一定要把"你为什么不……是啊，可是……"与它的对立面"你为什么不……不不，可是……"这两个游戏区分开来。在后者中，赢家是父母自我状态，而防御性的儿童自我状态最终在混乱中败走。尽管光从言语本身来看，这里呈现的可能是真实的、理性的成人自我状态对成人自我状态。"你为什么不……不不，可是……"与"此外"密切相关。

乍一看，"你为什么不……是啊，可是……"的对立面是"农民"。在这里，怀特诱导治疗师给她提出建议。对此，她立即接受，不加拒绝。治疗师深深卷入之后，忽然意识到怀特背叛了他。原先看起来像"农民"的游戏最终变成了"挑逗"这个智力游戏。在正统的精神分析过程中，这种情况的典型表现是从正向移情转向负向移情。

"你为什么不……是啊，可是……"的二级形式是"为我做点什么"。比如，患者不肯做家务。每天晚上，丈夫回家后，就会上演一场"你为什么不……是啊，可是……"的游戏。但是，无论丈夫说什么，她都闷闷不乐，拒绝改变自己的行为。在某些案例中，闷闷不乐可能是严重的病态，需要仔细的精神病学评估。然而，游戏因素也应考虑在内，因为它提出了这样一个问题：丈夫为何选择这样一位妻子，以及他是如何维持到今天的？

分析

❧ -

论点：看你能不能提出一种我挑不出毛病的解决方法。

目的：安心。

角色：无助者、顾问。

动力：屈从冲突(口头)。

例子：（1）是的，但我现在没法做作业，因为……；（2）无助的妻子。

社会范式：成人自我状态——成人自我状态。

成人自我状态：如果……你会怎么做？

成人自我状态：你为什么不……？

成人自我状态：是啊，可是……

心理范式：父母自我状态——儿童自我状态。

父母自我状态：我能帮你，你会感激我的。

儿童自我状态：那就试试看吧！

步骤：（1）问题——解决；（2）反对——解决；（3）反对——不安。

获益：（1）内在心理层面——安心；（2）外在心理层面——避免屈从；（3）内在社交层面——"你为什么不……是啊，可是……"，父母自我状态角色；（4）外在社交层面——"你为什么不……是啊，可是……"，儿童自我状态角色；（5）生物层面——理性的讨论；（6）现实层面——人人都想控制我。

注释：

1. von Chamisso. Adelbert, *Peter Schlemiel*. Calder, 1957.

2. de Kock, Paul. *One of the most popular works of this nineteenth century librettist and novelist is A Good-Natured Fellow, about a man who gives away too much.*

第九章

爱情游戏

1．你和他决斗去吧

❖ **命题**

这可能是一种策略、一种仪式或一种游戏。无论是什么，其心理本质上都是女性的。由于其戏剧性的品质，"你和他决斗去吧"有好的一面，也有不好的一面。

（1）作为一种策略，它是浪漫的。一个女人操纵或激起两个男人之间的战争，并暗示或承诺自己将归属胜利者。决斗结束后，她兑现了自己的诺言。这是一次诚恳的沟通。当然，前提是她和她的伴侣从此幸福地生活在一起。

（2）作为一种仪式，它往往是悲剧性的。习俗要求两个男人为她而战，即使她不希望他们如此，即使她已经做出了选择。即便最终胜出的不是她钟情的那位，她也不得不随他而去。如果她不愿意，这种沟通就是诚恳的。如果她不乐意或者很失望，结果会给她提供相当大的游戏空间，比如，"咱们耍乔伊一把吧"。

（3）作为一个游戏，它是喜剧性的。女人安排好了决斗场面。就在两个男人为她而战时，她却带着第三个男人悄悄溜走了。她和她伴侣的内在及外在心理获益源自这样一种立场，即公平竞争是为容易上当的傻瓜准备的，而他们亲身经历的这个喜剧故事构成了其内在和外在社交获益的基础。

2. 倒错

♣ 命题

异性恋变态，如恋物癖、虐待狂和受虐狂，应得到相应的治疗。然而，他们在真实性情境中表现出来的沟通问题，可以通过游戏分析的方法加以处理。

患有轻度虐待狂或受虐狂的人往往会采取一种原始的"心理健康"立场。

♣ 反命题

将日常的谦恭行为扩展到个人及伴侣身上，即从言语到躯体等方面对自己加以约束，使自己更趋保守。如果怀特是一个真正的变态，这将暴露游戏中的第二大要素。这一点常常在他的梦里表达得非常清晰：他真正的满足感源自屈辱的前戏。这是他可能不愿意承认的事情。但此时此刻的立场更有利于具体的心理治疗，而大部分恳求和逃避都已经无效了。这种治疗适用于实践中常见的心理变态，而不适用于恶性精神分裂症或犯罪变态，也不适用于那些将自己的活动局限于幻想的人。

3. 挑逗

❖ 命题

这是一个男人和一个女人之间玩的游戏。用更礼貌（或更温和）的方式来说，叫作"吻离"或"愤慨"。这个游戏有不同的级别。

（1）一级"挑逗"（或"吻离"），在社交聚会上很受欢迎，其基本内容是温柔的调情。怀特表示她孤身一人，而且，她能从男人的追求中获得快乐。一旦男人表态了，游戏也就结束了。如果她很大方，可能会非常坦率地说："谢谢你的赞美，非常感谢。"然后，便去征服下一个目标。如果她不甚大方，可能会一言不发地离开他。老练的玩家在大型社交聚会上会频繁移动，让游戏持续很长时间。这样，男人就必须动动脑子，才能跟在她的后面，又不至于让人发现。

（2）在二级"挑逗"（或"愤慨"）中，怀特只能从布莱克的讨好中获得"次级"满足。她的"主要"满足来自于对他的拒绝。所以，这个游戏俗称"走开吧，兄弟！"她让布莱克陷得更深，为的是看他遭到拒绝时狼狈的样子。当然，布莱克并不像他看起来那样无助，他可能费了很大周折才让自己卷入进来。通常，他玩的是"踢我吧"的变体。

（3）三级"挑逗"是一个恶性游戏。在此，怀特故意引导布莱克与自己发生身体接触，然后，声称他强奸了她，或者对她造成了不可弥补的伤害。最可怕的是，怀特会允许布莱克享受完了之后，再与他对峙。

三级"挑逗"游戏的玩世不恭和犯罪特性为耸人听闻的街头小报贡献了大量素材。

"挑逗"的童年原型与"冷淡的女人"的童年原型是相同的。在"冷淡的女人"中，小女孩引诱男孩羞辱自己，沾腥带荤，然后嘲笑他。这一点与毛姆在《人性的枷锁》中以及狄更斯在《远大前程》中所描述的完全一样。而这只是二级。一个更加严重、接近三级的游戏可能会发生在治安很差的住宅区里。

✤ 反命题

一个人避免参与这个游戏或控制这个游戏的能力，取决于他区分真实情感与游戏招式的能力。如果他能因此控制社交场面，可能会从"吻离"温和的调情中获得极大的快乐。另一方面，要想破解波提乏妻子的招数，除了在店家打烊前结账走人且不留任何联系方式之外，恐怕没有什么好的办法了。1938年，笔者在阿勒颇遇到了上了年纪的约瑟夫。约瑟夫于32年前离开了伊斯坦布尔。当年，在对宜帝皇宫后宫的一次商务访问中，一名苏丹的佳丽缠上了他，逼得他走投无路，不得不放弃自己的商店。在他抽空拿走了自己囤积的金法郎之后，就再也没有回去过。

✤ 关联

众所周知，臭名昭著的"挑逗"男性版本出现在商业活动中。可悲的是，前者后来并没有得到心仪的角色，后者随即被给解雇了。

分 析

下面的分析涉及的是三级"挑逗"，因为这里的游戏元素展示得更具戏剧性。

目的：恶意报复。

角色：狐狸精、色狼。

动力（三级）：语言暴力。

例子：（1）我会告发你的，你这个下流小子；（2）委屈的女人。

社会范式：成人自我状态——成人自我状态。

成人（男）：如果你认为我的做法过分了，我深表歉意。

成人（女）：你侵犯了我，必须付出代价。

心理范式：儿童自我状态——儿童自我状态。

孩子（男）：看我多么迷人啊！

孩子（女）：总算逮住你了。

获益：（1）内在心理层面——仇恨的表达和内疚的投射；（2）外在心理层面——避免动情的亲密；（3）内在社交层面——"总算逮住你了"；（4）外在社交层面——"太可怕了""法庭"；（5）现实层面——我无可指责。

第十章

地下游戏

1. 警察与强盗

♣ 命题

说来也怪，"警察与强盗"的童年原型不是警察与强盗，而是捉迷藏，其中必不可少的元素就是被发现时的懊恼。这一点在幼童身上表现得尤为突出。如果父亲一下子找到他们，他们就很懊恼，觉得没有意思。但是，如果父亲是一个游戏高手，就知道该怎么做，即故意拖延时间。此时，小男孩会通过大声叫喊、往地上掉东西或弄出很大动静等方法给他提供线索。这样，他迫使父亲去找他。一旦找到，仍然表现出懊恼的样子。这一次他玩得更开心了，因为悬念增加了。如果父亲放弃了，小男孩通常会感到很失望，全然没有胜利的感觉。"藏"的乐趣丝毫未减，显然问题不在这里，而真正令他失望的是没有被"发现"。当轮到父亲藏的时候，他知道，不能瞒骗小男孩太久，只要让他感到好玩就够了。父亲很聪明，当被小男孩捉住时，故意装着很懊恼。所以，我们很快就会发现，被捉住是游戏中不可或缺的回报。

因此，捉迷藏不仅仅是一种消遣，而是一种真正的游戏。从社交层面来看，它属于斗智斗勇。而且，当每个玩家的成人自我状态都做出最大努力时，便是最令人满意的时候。然而，从心理层面来看，它就像赌博成瘾一样。怀特的成人自我状态必须输掉，才能让他的儿童自我状态取胜。因此，"不被逮住"实际上就是"反命题"。在年龄较大的孩子中，如果哪位找到了一个谁也无法发现的藏身之处，那么，他就很不受大家待见，因为他把整个游戏给玩残了。他将儿童自我状态因素排除了，将整个事情变成了成人自我状态程序。他玩游戏的目的不再是获得乐趣。他堕落成和赌场老板或职业罪犯一样的人，满眼里只有金钱，没有乐趣。

世界上似乎存在着两种截然不同的惯犯：一种主要是为了利益而犯罪，另一种主要是为了游戏而犯罪。介于这两种之间的，有一大批人，他们对两种犯罪都游刃有余。据报道，"强迫性赢家"，即人们口中的"造币机器"，他的儿童自我状态真的不想被发现，事实上，也很少被发现。他是一个不受影响的人。对他来说，凡事总会有解决之道。另一方面，玩"警察与强盗"的"强迫性输家"很少在财务上表现出色。即便有个别例外的，通常靠的也是运气，而非能力。从长远来看，即便是那些幸运的人，他们的结局常常也像其儿童自我状态所要求的那样：是大声抱怨，而不是得意洋洋。

我们在这里讨论的"警察与强盗"的玩家在某些方面颇似"酒鬼"的玩家。他可以在警察和强盗这两个角色中任意转换。在某些情况下，他可能白天扮演父母自我状态下的警察，晚上扮演儿童自我状态下的强盗。一伙强盗中有一个警察，一群警察中有一个强盗。如果罪犯"改过自新"，他可能会扮演"救助者"的角色。但是，在这个游戏中，"拯救者"远没有"酗酒者"重要。然而，通常情况下，玩家扮演的强盗角色是命中注定的，每个人都有自己独特的作案手法。"警察"能否轻易逮住他，取决于"强盗"的玩法。

赌徒的情况也差不多。从社交或社会学的角度来看，"职业"赌徒的主要兴趣就是赌博。但是，从心理层面来看，职业赌徒分为两种。有些人把时间花在游戏上，比如，玩"命运"游戏。在这个游戏中，成人自我状态取胜的欲望仅次于儿童自我状态对失败的渴望。还有一些人经营赌场，为赌徒提供游戏机会，以此谋生。然而，他们自己却对游戏避而远之，尽管偶尔也会放纵一下，享受一下，就像一个老实的罪犯偶尔玩一次"警察与强盗"这个游戏一样。

这就是社会学和心理学对罪犯的研究通常总是模糊两可、毫无结果的原因。他们面对的是两种完全不同的人，而这在普通的理论或经验框架中是无法充分区分的。对赌徒的研究也是如此。沟通分析和游戏分析为此提供了一个直接的解决方案。他们从沟通的角度把社交层面下的"玩家"和"职业赌徒"区分开来，以此来消除模棱两可的现象。

现在，让我们从一般性的概念转向一些具体的例子。有些窃贼在偷盗时不会糟蹋别的东西，而"警察与强盗"里的窃贼则不一样。他们肆无忌惮地进行破坏，比如，用分泌物和排泄物弄脏贵重的衣服。据报道，传统的银行抢劫犯会采取一切可能的预防措施避免暴力，而"警察与强盗"里的银行抢劫犯则是在寻找一个宣泄的出口。像任何专业人士一样，传统罪犯会尽量保持作案场所干净整洁，而"警察与强盗"里的罪犯则是在作案的同时极力发泄。据说，真正的职业罪犯在找到解决问题的方法之前从来不会盲动，而游戏里的罪犯却愿意赤手空拳挑战法律。传统的职业罪犯凭自己的职业直觉很清楚"警察与强盗"这款游戏。如果帮派里的某个成员对游戏表现出太多的兴趣，以至于危及工作，尤其是，如果他落网的愿望开始显现，那么其他人会采取断然措施阻止事情的发生。也许，正是因为传统职业罪犯不玩"警察与强盗"这款游戏，所以他们很少被抓住。因此，社会学、心理学和精神病学等对他们的研究也就很少。这一点也适用于赌徒。因此，有关罪犯和赌徒的大部分临床知识说的都是"玩家"，而不是"职业罪犯"。

❖ 反命题

这是合格的犯罪学家（而非精神病学家）所关心的问题。警察和司法部门并不是对立的，而是各自在游戏中扮演社会赋予他们的角色。

然而有一点必须强调一下，那就是犯罪学研究人员可能会开玩笑地说，一些罪犯的行为表明，他们似乎很喜欢警察搜捕的过程，或者，如果他们看到了这个观点，也会欣然同意的。但是，他们很少考虑到这一"学术"因素在他们"严肃"的工作中所起到的关键作用。首先，不可能通过心理学研究的常规方法来揭示这一因素。因此，研究人员所要做的，要么是忽略这重要的一点（因为他们的研究工具不好使），要么是改换自己的研究工具。事实上，迄今为止，这些工具还没有为任何一个犯罪学问题找到解决办法。所以，研究人员最好能抛弃旧的方法，采用新的方法来解决这个问题。在"警察与强盗"不仅被认为是一个有趣的异常现象，而且是大量案件的核心问题之前，犯罪学的许多研究将继续处理那些琐碎的、教条的、边缘的问题或无关紧要的问题。[1]

分 析

命题：看你能不能逮住我。

目标：安全保证。

角色：强盗、警察（法官）。

动力：（1）捉迷藏、跟踪；（2）犯罪。

社交范式：父母自我状态——儿童自我状态。

儿童自我状态：看你能不能逮住我。

父母自我状态：那是我的事。

心理范式：父母自我状态——儿童自我状态。

儿童自我状态：你必须抓住我。

父母自我状态：哈，抓住了。

步骤：（1）怀特：挑衅；布莱克：愤怒 。（2）怀特：躲藏；布莱克：挫折。（3）怀特：挑衅；布莱克：胜利。

获益：（1）内在心理层面——对以往错误的物质补偿 ；（2）外在心理层面——克服恐惧；（3）内在社交层面——看你能不能逮住我；（4）外在社交层面——我差点逃脱（消遣：他们差点逃脱）；（5）生物层面——声名狼藉；（6）现实层面——我一直是个失败者。

----

2. 你怎么从这儿出去

✤ 命题

历史证据表明，那些通过活动、消遣或游戏来安排时间的囚犯活得最好。狱警对此心知肚明。据说，他们常常通过禁止囚犯活动和剥夺他们的社会关系等方法使其就范。

对于被单独监禁的囚犯而言，最好的活动是读书或写书，最好的消遣是试图越狱。

最受欢迎的游戏是"你怎么从这儿出去？"（"想要出去"），这在州立医院的患者中很有市场。但是，我们必须把它和"运作"（"良好的行为"）区分开来。然而，玩"想出去"这个游戏的囚犯或患者，他们的儿童自我状态实际上并不想出去。他们模仿"良好的行为"，但是，在关键时刻却会故意从事一些破坏活动，这样就无法获得释放了。因此，在"良好的行为"中，父母、成人和儿童三种自我状态一起努力，力图得到释放；而在"想要出去"中，父母和成人自我状态按照规定的动作进行。但是到了关键时刻，对未来惴惴不安的儿童自我状态占了上风，使整个事情功亏一篑。"想出去"在20世纪30年代末的精神病患者中很常见。他们在症状有所改善之后便请求出院，但是，随着日子的临近，症状会再次出现。

♣ 反命题

"良好的行为"和"想要出去"都得到了警觉的管理人员的注意，可以在管理层面进行管控。然而，初次接受小组治疗的人很容易上当受骗。一个有能力的团体治疗师，深知这些都是有精神病倾向的囚犯中最常见的操作，将会密切注视，并在早期及时予以处理。既然"良好的行为"是一个诚实的操作，理应得到诚实的对待。所以，公开讨论也就没有什么害处。相反，就"想要出去"而言，如果受到惊吓的囚犯想要康复，就需要积极的治疗。

♣ 关联

与"想要出去"有着亲缘关系的是一个名叫"你好好听着"的操作。在这里，监狱里的囚犯或社会机构里的委托人都要求拥有投诉权。投诉的内容往往无关紧要，其主要目的是确保自己的声音能传到当局的耳朵里。如果当局错误地认为他希望投诉得到处理，并认为他的要求过高，那么，他可能会引火烧身。如果当局同意了他的要求，他便会得寸进尺，变本加厉。如果当局耐心倾听，做出专注的样子，那么，"你好好听着"的玩家便会感到非常满意，且愿意和当局配合，不会再提出更多的要求。因此，管理人员必须弄清"好好听着"和"严肃的投诉"二者之间的区别。[2]

3. 咱们要乔伊一把吧

♣ 命题

这个游戏的原型是"大商店"。第一步是布莱克告诉怀特，那个老实巴交的乔伊正等着受骗呢。如果怀特真的很诚实，他要么躲开，要么警告乔伊。但是，他没有这样做。就在乔伊打算付钱的时候，出事了，怀特发现自己的钱没了。怀特原本以自己诚实的方式按自己的规则行事，却发现自己不得不按乔伊的规则行事，这让他很受伤。

奇怪的是，受骗者应该知道并遵守"咱们要乔伊一把吧"的规则。诚实的抱怨（或抗议）是诈骗团伙的一个计算好的风险，他们不会以此来指责怀特。为了保全面子，怀特甚至可以在一定程度上向警方撒谎。但是，如果他走得太远，错误地指控他们盗窃，那就是欺骗了，他们对此会很反感。另一方面，如果一个人因欺骗一个醉酒的人而使自己陷入麻烦，那么，他几乎不会得到任何同情，这是因为程序不当，他本不该如此。同样，如果一个人蠢到去骗一个有幽默感的人而让自己惹上麻烦，也不会得到别人的同情。有经验的骗子最怕那些被骗后哈哈大笑的人。

❧ 注解

感谢富兰克林·恩斯特博士、威廉·林斯先生和劳伦斯·梅厄斯先生，感谢他们在"警察与强盗"研究方面的浓厚兴趣，感谢他们对游戏的有益讨论和批评指正。

注释：

1. 弗雷德里克·怀斯曼在《精神病学和法律：谋杀案中精神病学的使用和滥用》(《美国精神病学杂志》，118：289-299，1961) 中给出了"警察和强盗"的一个清晰而悲惨的例子。当事人是一名23岁的男子，他开枪打死了自己的未婚妻后，去警局自首。警察一开始不信，直到他重复了四次，才开始相信他说的话。后来，他说："在我看来，这一辈子注定要坐电椅了。若真如此，也是命中注定。"作者认为，指望一个非专业陪审团去理解审判中用专业术语提供的复杂的精神病学证词是十分可笑的。从游戏的角度来看，核心问题可以用简单的词语来表达：一个九岁的男孩（因为在审判中明确提出的原因）认为，他将来注定要坐电椅。于是，他的余生都在朝着这个目标努力，并以自己的女朋友为对象，最终，把自己害了。

2. 想要详细了解"警察与强盗"以及囚犯常玩的游戏，请参见恩斯特和基廷发表在《美国精神病学杂志》上的文章《加利福尼亚重罪犯的精神病学治疗》，120：974-979，1964。

第十一章

诊所游戏

在治疗情况下玩得最多的游戏是专业游戏分析师最需要注意的，可以在咨询室里对其进行直接研究。根据发起人的角色，可以分为三种类型：

（1）治疗师和社工玩的游戏。

（2）接受过专业训练的患者在治疗小组中玩的游戏。

（3）未接受过专业训练的患者和委托人玩的游戏。

1. 温室

♣ 命题

这是"精神病学"的一种变体玩法，很戏谑，参与者嘴里常常冒出"你的敌对情绪表现出来了"或"防御机制到底能有多机械？"之类的话。这通常是一种人畜无害的、令人愉快的消遣，也是他们学习经历中的一个正常阶段。并且，随着原创元素的不断加入，游戏会变得相当有趣。作为心理治疗小组的患者，有些人沉溺于相互的批判。但是，因为这种方法效率不高，可能会被治疗师及时终止。这些行为最终可能会演变成"温室"游戏。

近几年的毕业生有一种强烈的倾向，他们对所谓的"真情实感"倍加推崇。在这种感觉出现之前，可能已经提前宣布了。在宣布之后，它就会被描述出来，或者，更确切地说，呈现在大家面前。仿佛它是一朵奇花，理应受到尊重。其他成员的反应受到了非常严肃的对待，好像他们就是植物专家似的。治疗师的质疑和介入可能会引起强烈的反感，就好像他是一只笨拙的手，正在撕扯一株外来植物脆弱的花瓣。实际上，为了了解一朵花的构造和生理特性，治疗师自然觉得有必要对其进行解剖。

⚜ 反命题

反面观点对治疗进展十分重要，是对上述描述的讽刺。如果允许这种游戏继续进行，它可能会持续几年不变。之后，患者可能会觉得，他有了"治疗经验"，并且，在治疗期间，"宣泄了敌对情绪"，学会了"直面情感"，而这一切都使他在不太幸运的病友面前多了几分优越感。与此同时，其动力作用很少发挥出来。当然，时间的投入也没有发挥出最大的治疗优势。

最初描述中的讽刺不是针对患者，而是针对他们的老师和鼓励这种过度挑剔的文化环境。如果时机合适，一句怀疑的话可能会成功地将他们从浮夸的父母自我状态的影响中分离出来，使其在沟通中能够自在坦然。与其在一种温室的气氛中培养感情，倒不如让其自然生长，待成熟后再去采摘。

这种游戏最大的优点体现在外在心理层面。它创造了一种特殊的氛围。在这样的条件下，患者可以随意表达情感，但又不能肆无忌惮地回应，从而避免了人与人之间的亲密关系。

2. 我只是想帮你

♣ 命题

这个游戏可以在任何职业场合下玩，不仅限于心理治疗师和福利工作者。然而，在受过某种培训的社会工作者中，这种现象最常见，形式也最华丽。不过，在特殊情况下，对这个游戏的分析需要得到进一步澄清。在一场扑克游戏中，所有玩家都弃牌了，只有两位例外。一位是心理学家，另一位是商人。商人手握高牌，下了注；心理学家胜券在握，增加赌注。商人看起来很困惑，于是，心理学家开玩笑地说："别慌，我只是想帮你！"商人犹豫了一下，投入了筹码。心理学家亮出了制胜王牌，商人一脸厌恶地把牌摊在桌面上。在场的其他人听了心理学家的笑话后，都忍不住笑了，而输牌的人沮丧地说："你的确帮了大忙！"心理学家向笔者投来会意的一瞥，暗示说，这个笑话确实是拿精神病学专业开玩笑的。就在那一刻，这个游戏的结构变得清晰起来了。

无论是哪个专业的从业者或治疗师，都会给委托人或患者提出一些建议。当患者反馈说建议没有达到预期效果时，工作人员不以为然，继续尝试。如果他很机敏，那么，此时此刻，他可能会因沮丧而感到一丝心痛。但是，无论如何，他会再次尝试。通常，他觉得没有必要质疑自己的动机，因为他知道，许多受过类似训练的同事都在做着同样的事情，而且，他遵循的是"正确"的程序，并将得到主管的全力支持。

如果他遇到一个难对付的玩家（比如，一个充满敌意的强迫症患者），那么，他会发现自己越来越力不从心。于是麻烦来了，而且情况会越来越糟。在最坏的情况下，他可能会遇到一个愤怒的偏执狂。这名患者可能在某一天气咻咻地冲进来，喊道："看看你让我做了什么！"接着，他的沮丧就会以有声或无声的形式凸显出来："可我只是想帮你！"他对患者的忘恩负义深感困惑，这可能会给他带来相当大的痛苦，说明他的行为背后暗含着复杂的动机。此处，困惑就是他的回报。

　　不要把"合格的帮手"与"我只是想帮你"的玩家混为一谈。要知道，"我想我们可以做点什么""我知道该做什么""我是被派来帮助你的"或"我帮助你的费用是……"不同于"我只是想帮你"。前四个代表着成人自我状态主动把专业资质交到苦恼的患者或委托人手里。"我只是想帮你"含有一种隐秘的动机，它对效果的影响比专业技能更为重要。这个动机是基于"人都是忘恩负义的，都是令人失望的"这一立场的。成功的前景会让专业人士的父母自我状态感到担忧，是对"破坏"发出的邀请函，因为成功会危及这一立场。"我只是想帮你"的玩家必须确保，无论他提供多么大的帮助，对方都不会接受。对方的回答应该是"看看我有多努力"或"你帮不了我"。更灵活的玩家可以做出妥协。如果接受帮助的过程很长，也是没问题的。因此，如果见效很快，治疗师反而会感到不安，因为他们知道，他们的一些同事在内部会议上会横加指责。另外一些玩家，像社会工作者和好律师，他们在帮助委托人时，没有个人情感的参与。在这里，工匠精神代替了暗中的努力。

一些社会福利工作学校的主要目的似乎是培养"我只是想帮你"的职业玩家。那里的毕业生不玩这个游戏似乎很难。在补充游戏"贫困"的描述中，可以找到有助于说明上述观点的例子。

"我只是想帮你"及其变体在日常生活中很普遍。玩家大都是家人、亲朋好友（如"我什么都可以帮你"）以及与儿童一起做社区工作的成年人。这个游戏很受家长欢迎，孩子们玩的补充游戏通常是"看看你让我做了什么"。从社交层面上看，它可能是"笨蛋"的一种变体。其中，伤害是在提供帮助的情况下造成的，而非冲动的结果。在这里，扮演委托人角色的是"这种事怎么老让我赶上"及其变体的受害者。

✤ 反命题

当专业人士接到游戏邀请时,有几种处理方法可供参考。是否接受完全取决于自己和患者之间的关系,特别是患者儿童自我状态的态度。

(1)经典精神分析的反证是最彻底的,也是最令患者难以忍受的。患者的邀请石沉大海。于是,他更加努力,最终陷入了绝望的状态,十分愤怒,异常沮丧。这是游戏失败的典型标志。这种情况可能会导致有益的对抗。

(2)第一次邀请时,可能会出现比较温和(而非正式)的对抗。治疗师声称自己是患者的治疗师,而不是他的经理人。

(3)一个更加温和的方法是将患者引入治疗小组,让其他患者来处理。

(4)对于有严重心理疾病的患者来说,在最初阶段可能有必要配合一下。这些患者应该由精神病医生来护理。作为一名医务人员，精神病医生在治疗这样的患者时，不仅可以开出药方，也可以提出一些卫生方案，而这些方案，即使是在今天的镇静剂时代，仍然是有价值的。如果医生提出了一个卫生方案，包括洗澡、锻炼、休息时间和定期进餐及药物治疗等，那么，可能会出现以下几种情况：①患者严格执行该方案，且感觉更好；②患者严格执行该方案，但抱怨没有效果；③患者无意间透露出自己忘了执行方案，或者已经放弃了这个方案，因为这对他没有任何好处。在后两种情况下，需要由精神病医生来决定患者此时是否愿意接受游戏分析，或者是否需要其他形式的治疗，以便为日后的心理治疗做好准备。在决定下一步如何进行之前，精神病医生应该仔细评估方案的充分性和患者的游戏倾向之间的关系。

另一方面，患者的反证是，"不要告诉我如何才能帮助自己，我会告诉你如何才能帮助我"。如果治疗师是一个愚笨的人，那么，患者使用的正确反证应该是"不要帮助我，去帮助他吧"。但是，"我只是想帮你"的严肃玩家普遍缺乏幽默感。患者的"对立行为"通常得不到应有的对待，并可能导致治疗师对其产生终身的敌意。在日常生活中，除非你下定了决心并愿意承担后果，否则，不应开启这样的行为。例如，拒绝一个"我什么都可以帮你"的亲戚可能会导致严重的家庭纠纷。

分 析

命题：没人会照我说的去做。

目的：减轻罪恶感。

角色：助手、委托人。

动力：受虐狂。

例子：（1）孩子学习，家长干预；（2）社会工作者和委托人。

社交范式：父母自我状态——儿童自我状态。

儿童自我状态：我现在该怎么办？

父母自我状态：你应该这么办。

心理范式：父母自我状态——儿童自我状态。

父母自我状态：看我多称职。

儿童自我状态：我会让你觉得自己不够格。

步骤：（1）请求指示——给出指示；（2）程序出错——责备；（3）程序错误证明——隐式道歉。

获益：（1）内在心理层面——殉道；（2）外在心理层面——避免面对不足；（3）内在社交层面——家长教师协会：投射型；（4）外在社交层面——精神病学：投射型；（5）生物层面——来自委托人的拍打，来自主管的安抚；（6）现实层面——忘恩负义。

---

3. 贫穷

✤ 命题

这个游戏的命题在亨利·米勒的《玛洛西的大石像》中说得最清楚："这件事应该发生在我找工作的那一年。不过，当时，我压根不想找工作。这让我想起来了，尽管我当时认为自己很绝望，可是，我竟然连招工广告也没看过一眼。"

这个游戏是"我只是想帮你"的补充类型，因为游戏者是以此为生的社会工作者，同时，它也是以此为生的委托人玩的，而且，玩得非常专业。笔者自己对"贫穷"的体验不多，但是他的一个颇有成就的学生在下面的描述，阐明了这个游戏的性质及其在社会中的地位。

布莱克小姐是一家福利机构的社会工作者。该机构公开宣称，他们的目的是帮助贫困人口实现经济上的"康复"（为此，他们还得到了政府补贴）。实际上，这意味着要帮助他们找到一份长期带薪的工作。根据官方报告，该机构的委托人不断"取得进展"，但很少有人实现真正意义上的"康复"。这一点不难理解，因为他们中的大多数人已经享受了多年的福利。他们从一个福利机构来到另一个福利机构，有时，甚至同时与五六个福利机构打交道。因此，他们成了名副其实的"钉子户"。

布莱克小姐在接受游戏分析培训后很快意识到，她所在机构的同事一直都在玩"我只是想帮你"这个游戏，她很想知道他们的救助对象对此有何反应。为了弄清这个问题，她每周都询问自己的救助对象，他们实际调查了多少就业机会。她饶有兴趣地发现，虽然从理论上讲他们应该每天都在努力寻找就业机会，但实际上，他们在这方面几乎没有付出任何努力。有时，他们所做的努力只是象征性的，颇具讽刺意味。举例来说。一个男子说，他每天至少回复一个广告。"什么样的工作？"她问道。他说，他想从事销售工作。"你只回复销售广告吗？"她追问道。他说是的。但糟糕的是，他是个结巴，这妨碍了他的职业选择。大约就在这个时候，她的主管注意到这件事，她因给救助对象施加"不必要的压力"而受到了严厉批评。

尽管如此，布莱克小姐还是决定着手"改造"其中的一些人。她选择了那些身体健康、似乎没有足够理由继续接受福利基金的人。她和这个小组的成员一边玩"我只是想帮你"和"贫穷"的游戏，一边谈论这事，最后，征得了他们的同意。她说，除非他们找到工作，否则，她会把他们从福利机构中剔除，转到另一家机构。他们中的一些人几乎立即就找到了工作，还有一些人是多年来第一次找到了工作。但是，他们对她的态度感到愤慨，其中一些人给她的主管写信投诉。主管把她叫了进来，非常严厉地斥责了她。理由是，尽管她的救助对象找到了工作，但并没有真正得到"康复"。主管还表示，布莱克小姐是否能继续待在机构里还是个未知数。布莱克小姐在确保自己的工作无虞的情况下，千方百计试图去理解机构眼里"康复"的概念，但她并未得到明确的答案。末了却遭人指责，说她给人施加了"不必要的压力"。而且那些人还说，她的救助对象多年来第一次承担起家庭的责任，绝非她的功劳。

由于布莱克小姐面临失去这份她非常需要的工作，她的朋友试图帮助她。一位受人尊敬的精神病诊所主任写信给主管，称他听说布莱克小姐在福利救助对象方面做了一些特别有效的工作，想请她在自己诊所的员工会议上分享一下她的经验，遭到主管的拒绝。

在这个案例里，"贫穷"的规则是由该机构制定的，以补充当地的规则。工作人员和救助对象之间形成了如下默契：

工作人员：我会尽力帮助你（前提是你的情况没有得到改善）。

救助对象：我会去找工作的（前提是不一定能找到）。

　　如果一个救助对象因情况好转而违反了协议，机构就失去了一个救助对象，而救助对象就失去了福利待遇。如此一来，双方都觉得自己蒙受了损失。如果像布莱克小姐这样的员工违反了协议，让救助对象真正找到了工作，那么，机构就会因救助对象的投诉而受到处罚。这可能会引起上级部门的注意，而救助对象也会失去福利待遇。

　　只要双方都遵守隐含的规则，就能如愿以偿。救助对象得到了福利，并很快了解到机构想要的回报："伸出援手"的机会（作为"我只是想帮你"的一部分），加上（在"以救助对象为中心"的员工会议上展示的）"临床材料"。救助对象乐意配合机构的要求，结果皆大欢喜。因此，双方相处得很好，谁也不想终止这种令人满意的关系。实际上，布莱克小姐是"重心向内"，而不是"重心向外"。她提议召开的是"以社区为中心"的员工会议，而不是"以救助对象为中心"的会议。这打乱了相关人员的行为模式，尽管她这样做实际上只是遵循机构的意图。

这里有两点值得注意。首先，"贫穷"是一种游戏，而不是由身体、精神或经济条件造成的状况，而且，玩这种游戏的只是一定比例的福利客户。

✤ 反命题

反证在于利益的保留。在这款游戏里，风险并不像大多数游戏那样主要来自玩家自己，而是来自它的文化融合和"我只是想帮你"的互补玩家。这里的威胁来自专业同人、被唤醒的公众、政府机构和保护联盟。在一场反"贫穷"的展览后，人们开始抱怨，并抗议说："没错，没错，可那又怎么样呢？"这可能被认为是一种健康的、建设性的举措或消遣，即使它偶尔不鼓励人们坦诚相见。

4. 农民

✤ 命题

这里的原型农民是一名患有关节炎的保加利亚村民。她卖了自己唯一的奶牛，为的是去索非亚的大学诊所看病。教授给她做了检查，发现她的病例非常有趣。于是，他向医学生展示了她的临床表现。他不仅描述了病理、症状和诊断，还描述了治疗方法。这个过程让她充满敬畏。在她离开之前，教授给了她一个处方，并详细地解释了治疗方法。她被他的学识所折服，用保加利亚语说了一句："哎呀，教授，你太棒了！"然而，她并没有按照处方去拿药。首先，她村里没有药剂师；其次，即使有，她也绝不会让如此珍贵的一张纸离开她的手。另外，她也没有治疗所需的设施，如食疗、水疗等。她仍然像以往一样地活着。虽然身有残疾，但她现在却很快乐，因为她可以向每个人炫耀，索非亚著名的教授给她开了药方和治疗方法，她每天晚上都在祈祷中向他表示感谢。

几年后，教授怀着沉重的心情去见一位十分富有但要求很高的患者。途中，他碰巧经过了这个村庄。那个农民冲了过来，亲吻了他的手，跟他提起很久以前他给自己开的神奇药方。教授想起来了，欣然接受了她的敬意。当她告诉他治疗很有效时，他非常满意。事实上，他太得意了，竟然没有注意到她还和从前一样，走起路来一瘸一拐的。

从社交的角度来看，"农民"有两种玩法：一种是天真的玩法，另一种是伪装的玩法。但是，两者都有着同样的口号："哎呀，穆尔加特罗伊德先生，你太棒了！"就天真的玩法而言，穆尔加特罗伊德确实很棒。他是一位著名的诗人、画家、慈善家或科学家。天真的年轻女性经常长途跋涉，希望能见他一面。这样，她们就可以满脸崇拜地坐在他的脚边，连他的不足也是浪漫的。而一个心机很重的女人，如果她有心与这样一位她真心崇拜的男人来一段风流韵事或者结为伉俪，可能会充分意识到他的弱点。她甚至可能会利用这些弱点，来达到自己的目的。对于这两种类型的女性来说，游戏源自对不足的美化或利用，而天真则在于她们真正敬仰他的成就，并对其有着正确的评价。

就伪装的玩法而言，穆尔加特罗伊德可能很棒，也可能不棒。但无论如何，他遇到了一个无法真正欣赏他的女人。也许，她是一名高级妓女。她利用"小老人"和"哎呀，教授，你太棒了"等游戏来奉承他，纯粹是为了达到自己的目的。在内心深处，她要么把他弄得眼花缭乱，要么暗暗嘲笑他。但是，她在乎的根本不是他，而是他能给自己带来的额外收益。

从临床的角度来看，"农民"也有两种相似的玩法，它们的口号是"哎呀，教授，你太棒了！"就天真的玩法而言，只要患者能相信"哎呀，教授，你太棒了！"，她就可以过得很好，而这就要求治疗师在公共场合和私人生活中都要表现良好。就伪装的玩法而言，患者希望治疗师能和她一起完成游戏，并暗暗想道："你的洞察力非同寻常。"一旦让他处于这个位置，她便可以让他看起来很傻，然后，再去找另一位治疗师。如果他不那么容易上当，也许真的会对她有所帮助。

患者玩转"哎呀，教授，你太棒了！"这个游戏最简单的方法就是不要好转。如果她是个恶毒的女人，可能会更加主动，让治疗师出丑。有这样一个女人，她和自己的心理医生玩"哎呀，教授，你太棒了！"这个游戏，但是，症状没有任何缓解。最终，她说了一大堆好听的话和表示歉意的话，然后离开了他。接着，她到自己尊敬的牧师那里寻求帮助，并和他玩起了同样的游戏。几个星期后，她引诱牧师玩了一个二级"挑逗"游戏。然后，她隔着后篱笆私下告诉邻居她失望极了，因为像布莱克松牧师这样的好男人，一时软弱，竟然也会向她这样一个毫无魅力的无辜女人献殷勤。她了解他的妻子，当然可以原谅他，不过……这个秘密只是在不经意间漏出来了。后来，她才"惊恐地"记起，这位邻居是教堂里的一位长者。她靠"没有好转"打败了自己的心理医生，通过引诱打败了牧师，虽然她不愿意承认这些。但是，另一个治疗师把她介绍给了一个治疗小组。在那里，她以前的招数都不灵了。后来，由于没有"哎呀，教授，你太棒了！"和"你的洞察力非同寻常"来填补她的治疗时间，她便开始仔细反省，并在小组的帮助下放弃了"哎呀，教授，你太棒了！"和"挑逗"这两个游戏。

♣ 反命题

治疗师必须首先明确这个游戏是否以无辜的方式进行，是否应该为了患者的利益继续下去，直到她的成人自我状态足够成熟，可以应对对抗措施。之后，可以在第一个适当的时机来临时采取对策，以便她能理解所发生的事情。接着，治疗师要坚决拒绝给出建议。当患者开始抗议时，他要明确表示，这不是什么"严肃的精神病学"，而是深思熟虑的策略。到了一定的时候，他的拒绝可能会激怒患者，或者引发急性焦虑症状。接下来的行动取决于患者病情的严重程度。如果她反应过于激烈，应该通过适当的精神病学或分析程序来处理，与其重建治疗关系。就伪装的玩法而言，首要目标是把成人自我状态从虚伪的儿童自我状态中分离出来，以便对游戏进行分析。

在社交场合，应该避免与天真的"哎呀，教授，你太棒了！"的玩家发生亲密纠葛，因为任何一位聪明的经纪人都会深深地影响他的委托人。另一方面，玩伪装的"哎呀，教授，你太棒了！"的女人有时很有趣，也很聪明。如果她们能远离这个游戏，可能会成为家庭社交圈中一位非常令人愉快的成员。

5. 精神病学

♣ 命题

作为"程序"的精神病学必须与作为"游戏"的精神病

学区分开来。根据科学出版物中的临床数据，以下方法在治疗精神疾病方面是很有价值的：休克疗法、催眠术、药物治疗、精神分析法、精神矫正法和团体治疗法。还有一些不常用的方法，就不在这里讨论了。这些方法都可以在"精神病学"的游戏中使用，而这是基于"我是医者"的立场和"它说我是医者"的证书。值得注意的是，在任何情况下，这都是一个仁慈的、建设性的立场，而且，"精神病学"玩家只要受过专业训练，都可以做很多好事。

然而，如果治疗师的热情适度，治疗效果可能会有所提高。这一点，安布鲁伊斯·巴累在很久以前就有了最恰当的表述。他说："我治疗他们，但上帝治愈他们。"每个医学生都知道这句名言。类似的还有一些拉丁语名言，如 primum non nocere（首先，不要造成伤害）和 vis medicatrix naturae（尊重自然的痊愈力量）等。然而，非医学背景的治疗师不太可能接触到这些古老的格言。"我是医者，因为证书上说我是医者"的立场很可能成为一个障碍，被类似"我会应用我所学的治疗程序，希望它们会有所帮助"之类的话所取代。这避免了基于"既然我是医者，那么，如果你没有好起来，那是你的问题"（如"我只是想帮你"）或"既然你是医者，我会为你好起来"（如"农民"）这样的游戏。当然，从原则上讲，所有这些，每位有良知的治疗师都应该知道。当然，每一位曾在著名诊所中介绍过病例的治疗师都意识到了这一点。换言之，一个好的诊所可以让治疗师意识到这些事情。

另一方面，"精神病学"这种游戏更常见于那些接受过不太称职的医师治疗的患者当中。例如，有一些患者小心翼翼地挑选那些业务不精的治疗师，换了一个又一个，从而证明自己无法被治愈。在此过程中，他们学会了越来越难的"精神病学"游戏。最终，即使是一流的临床医生也难分好坏。患者这边的双向沟通表现为：

成人自我状态：我希望你能治好我的病。

儿童自我状态：你永远治不好我的病，只能让病情加重（玩一个更好的"精神病学"游戏）。

"心理健康"也是类似的玩法。在这里，成人自我状态宣称，"如果我应用读过和听过的精神健康原则，一切都会变得更好"。一个患者从一名治疗师那里学会了玩"精神病学"，又从另一位治疗师那里学会了玩"心理健康"。然后，通过努力，又开始玩一个相当不错的"沟通分析"游戏。一番坦率的沟通之后，她同意不玩"心理健康"了，但坚持要玩"精神病学"，因为这让她感到舒坦。沟通治疗师同意了。因此，在接下来的几个月里，她每周都要叙述自己的梦境及其对梦的解析。最后，也许是出于朴素的感激，她认为，弄清自己到底怎么了可能会很有趣。她对沟通分析产生了浓厚的兴趣，收到了良好的效果。

"精神病学"有一种变体，在这种变体中，患者采取的立场是，如果我能找到控制"按钮"的人，可以说，一切都会突然好起来。结果，这引起了她对童年事件的不断沉思。有时，治疗师可能会被患者诱入一个"批判"游戏。在这个游戏中，患者描述自己在各种场合的感受，然后，治疗师告诉她问题出在哪里。"自我表达"是一些治疗小组中常见的游戏，它基于"情感是好的"这一信条。例如，使用粗俗语言的患者可能会得到大家的称赞，至少是含蓄的称赞。然而，一个富有经验的小组很快就会发现，这只是一场游戏。

治疗小组里的一些成员非常擅长挑选"精神病学"游戏。很快，他们就会让新来的患者知道，他是在玩"精神病学"或"沟通分析"游戏，而不是利用小组程序来获得洞察力。有一名妇女，从一个城市的"自我表达"小组转到了另一个城市的更高级的小组。她讲述了自己童年时的乱伦关系。每当她重复这个不知道讲了多少遍的故事时，她都希望人们对她表示"敬佩"。然而，这一次，她遇到的是冷漠。于是，她变得十分愤怒。她惊讶地发现，这个新加入的小组对她的乱伦史没有任何兴趣，他们关心的是她的愤怒情绪。接着，她恶狠狠地甩出了一句在她看来极具侮辱性的语言，她指责他们不是弗洛伊德学派的。当然，弗洛伊德本人更重视精神分析法，并通过声称自己不是弗洛伊德主义者来避免把其当成游戏。

最近，"精神病学"又出现了一个新的变体，叫作"跟我说说"，跟聚会时的游戏"二十个问题"有点类似。首先，怀特讲述一个梦境或一个事件。然后，其他成员（通常包括治疗师本人）试图通过相关提问做出解释。等怀特回答完后，每个成员都会继续追问，直到他答不上来。此时，布莱克会带着满意的表情往后一坐，说道："啊哈！如果你能答上来，肯定会变得更好。所以，我的工作也完成了。"（这是"你为什么不……是啊，可是……"的远亲。）一些治疗小组几乎把精力都放在这个游戏上。游戏可能会持续几年，其间不会有什么大的变化。"跟我说说"给了怀特（患者）很大的自由。例如，他可以通过"感觉无效"来虚与委蛇，也可以通过回答所有问题来进行反驳。在这种情况下，其他玩家的愤怒和沮丧很快就会显现出来，而他会回击说："我已经回答了你们所有的问题，而你们却没有治好我的病。换了你们，会怎么想呢？"

"跟我说说"这个游戏也会出现在教室里。在这里，学生们知道，某些老师提出的开放式问题，其"正确"答案不是通过真实资料就能找到的，而是要靠猜测或排除几个老师可能不喜欢的选项才能得到。在教授古希腊语的课堂上，出现了一种迂腐的变体——老师总是比学生强。老师先是让学生出丑，然后，指出文章中一些模棱两可的要点，以此证明自己的智慧。这一幕也经常出现在希伯来语课堂上。

6. 愚蠢

"愚蠢"这个命题，以更温和的形式表达，就是"你我一起嘲笑我的笨拙和愚蠢吧。"然而，精神严重失常的人可能会一边闷闷不乐地玩着，一边说道："我很笨，我就这样。所以，帮帮我吧。"这两种形式都是源自压抑的立场。"愚蠢"必须与"笨蛋"区分开来。"笨蛋"更具侵略性，而"愚蠢"则是为了获得宽恕。"愚蠢"还必须与"小丑"区分开来。"小丑"不是一种游戏，而是一种消遣，它强化了"我可爱，我无害"的立场。在"愚蠢"中，沟通的关键在于怀特让布莱克称自己是傻子，或者自己表现得像个傻子。所以，当怀特表现得像个"笨蛋"时，他并不请求宽恕。事实上，宽恕让他感到不安，因为这危及他的立场。他也可能举止滑稽，像个小丑，但却丝毫没有开玩笑的暗示。他希望自己的行为能得到认真对待，作为真正愚蠢的证据。此处，外在收益很大，因为怀特知道得越少，游戏效果就越好。因此，在学校里，他不需要学习；在工作中，他不需要去刻意学习能使他进步的东西。他从小就知道，只要他傻，大家都会让着他，尽管有时也有一些相反的意见。不过，令人惊讶的是，真有压力时，如果他决定挺过来，他会的。事实证明，此时的他一点也不傻，就像童话里的"傻小子"一样。

✤ 反命题

温和形式的反证很简单。通过不玩"愚蠢"，不嘲笑笨拙，不责骂愚蠢，反"愚蠢"的玩家会成为一生的朋友。其中一个微妙之处是，这个游戏通常是由循环型人格障碍患者或躁郁症患者玩的。当这些患者兴奋的时候，他们似乎真的希望自己的同事也能一起嘲笑自己。事实上，不这样做也很难，因为他们给人的印象是，他们怨恨旁观者，因为，从某种程度上来说，旁观者危及了他们的立场，破坏了比赛规则。但是，当他们沮丧的时候，就会公开怨恨那些嘲笑自己的人。此时，旁观者知道，自己的行为是正确的。当他沉默不语时，他可能是患者唯一愿意在房间里看到或交谈的人，而先前那些与患者一起玩游戏的"朋友"此时都变成了敌人。

告诉怀特他不是真傻，一点用处也没有。他实际上智力可能真的有限，并且，自己也很清楚。这就是这个游戏诞生的原因。然而，他可能在某些领域表现出众，心理洞察力就是其中之一。对这种能力表现出应有的尊重并无不妥，但是，这不同于笨拙的安抚尝试。后者可能会给他带来痛苦的满足，因为他发现，有人比他还要愚蠢。不过，这种安慰是微不足道的，肯定也不是最明智的治疗方法。通常，这只是"我只是想帮你"的一步棋而已。对"愚蠢"的反证不是用另一个游戏来代替，而是克制自己，不去玩"愚蠢"这个游戏。

闷闷不乐的反证比较复杂，因为闷闷不乐的玩家试图激起的不是嘲笑或讥讽，而是无助或恼怒。对此，他游刃有余。"所以，帮帮我吧。"如此一来，无论如何，他都会赢。如果布莱克什么都不做，那是因为他感到无助；如果他做了什么，那是因为他气恼了。因此，这些人也愿意玩"你为什么不……是啊，可是……"这个游戏，从中他们可以以更加温和的方式获得同样的满足。在这种情况下，没有简单的解决方案。而且，在人们对这个游戏的心理动力学有了更加清晰的了解之前，也不要指望有任何解决方案。

7. 木腿

✦ 命题

在此，不妨将其译成沟通术语："你对像我这样情绪不稳定的人有什么期望？"陪审团的回答是："当然不会。我们不会把这种限制强加在你身上！"作为一种法律游戏，"精神错乱的辩解"得到社会文化的接纳。然而，它又不同于人们普遍遵从的原则。也就是说，就严重精神病患者而言，任何一个理智的人都不会期望他为自己的行为负责。

"木腿"的主题是，"你对一个装有木腿的人有什么期望？"换句话说，没有人会对一个装有木腿的人抱有任何期望，除非让他自己驾驶轮椅。另一方面，在第二次世界大战期间，有一个人装着一只木腿。他曾经在陆军医院截肢中心表演吉特巴舞，而且跳得很棒。还有一些盲人，他们有的从事法律工作，有的担任政治职务（笔者家乡现任市长就是其中之一），有的是精神病医生，还有的是失去双手的打字员。

一个真正的残疾人，或者一个极力夸大甚至是想象中的残疾人，只要他满足于自己的命运，别人也许不应该干涉。但是，当他接受心理治疗的时候，问题就出现了。他是否在利用肢体的残疾为自己谋取最大的利益？他是否能超越自己残疾的身体？治疗师的观念将与大量受过教育的公众的意见相左。如果患者取得了明显的进展，即便是因患者残疾带来的不便而大声抱怨的近亲，最终也可能会对治疗师颇有微词。对于游戏分析师来说，这不难理解，但这也并没有让他的工作轻松多少。所有"我只是想帮你"的玩家都将受到威胁。这是因为，如果患者能够自立了，游戏就会中断。所以，有时，他们会采取几乎难以置信的措施来终止治疗。

在讨论"贫穷"这个游戏时，我们提到了布莱克小姐那位患有口吃的救助对象。这个例子把正反两个方面阐述得淋漓尽致。这位救助对象玩的就是典型的"木腿"游戏。他找不到工作，将此归因于自己是个结巴，因为他说他唯一感兴趣的职业是推销员。作为一名自由公民，他有权选择自己喜欢的任何工作领域。但是，作为一名口吃者，他的选择不免让人对其动机的纯粹性产生怀疑。布莱克小姐试图打破这场游戏，然而，机构的反应则截然相反。

"木腿"在临床实践中尤其有害，因为患者可能会找到一个用同样的辩词玩同样的游戏的治疗师，所以，不可能取得任何进展。而在"意识形态的辩解"的案例中则相对容易："你对生活在我们这样社会中的人有什么期望？"有患者将此与"心身辩解"结合起来："你对一个心身症患者有什么期望？"他找了很多治疗师。有的接受某一种辩解，有的则接受另一种。但是，没有谁是两种辩解都接受的（让他感到很舒服），也没有谁是两种辩解都拒绝的（让他改变主意）。因此，他证明了精神病学对人没有什么帮助。

一些患者用来为症状和行为辩解的借口是感冒、头部受伤、环境压力、现代生活压力和经济制度等。在临床实践中，以及在社会研究项目中，我们应该始终非常仔细地评估"要不是为了他们"或"他们让我失望"这样的特殊辩护。

稍微复杂一点的辩护是这样的：①你对一个来自破碎家

庭的人有什么期望？②你对一个神经质的人有什么期望？③你对一个正在接受心理分析治疗的人有什么期望？④你对一个酗酒的人有什么期望？最重要的是，"如果我停下来，就没法分析了，也就永远没法好起来了"。

"木腿"的对立面是"人力车"，其主题是"如果镇上只有人力车或鸭嘴兽或说古埃及语的女孩，我就不会陷入这些麻烦"。

♣ **反命题**

如果治疗师能明确区分自己的父母自我状态和成人自我状态，而且，如果治疗的目的双方都明确理解，那么，反"木腿"就易如反掌。

就父母自我状态而言，可以是一个"宽容"的父母自我状态，也可以是一个"严厉"的父母自我状态。作为一个"宽容"的父母自我状态，他可以接受患者的辩护，尤其是当患者的辩护与自己的观点相符时，也许是基于这样的理念，即患者在完成治疗之前无须对自己的行为负责。作为一个"严厉"的父母自我状态，他可以拒绝这一辩护，并与患者进行一场意志的较量。对"木腿"玩家来说，这两种态度都已经很熟悉了，而且，他也知道如何从每一种态度中获取最大的满足。

不过，成人自我状态下的治疗师对这两种机会都一律拒绝。当患者问道："你对一个神经病患者有什么期望？"（或者，无论他此时的辩护是什么时），治疗师的回答是："我没有什么期望。问题是，你对自己有什么期望？"他唯一的要求是让患者认真回答这个问题；他唯一的让步是给患者一段合理的时间来回答。这段时间从六个星期到六个月不等，这取决于他们和患者之间的关系以及患者先前的准备工作。

注释：

1. Berne, E. "The Cultural Problem: Psychopathology in Tahiti". *American Journal of Psychiatry*, 116: 1076–1081, 1960.

第十二章 | 好游戏

一款优秀的游戏对社交的贡献远远超出了其复杂的动机，尤其是在玩家诚心诚意地接受了这些动机的时候。也就是说，一款好的游戏既有助于其他玩家的福祉，也有助于"主要玩家"的发展。这是因为，即使是在最好的社会行为和组织形式下，也有很大一部分时间要花在游戏上，所以，必须孜孜不倦地寻找优秀的游戏。这里提供了几个例子。但是无可否认，它们无论在数量上还是在质量上都是不够的。它们包括"日常工作假日""骑士""乐于助人"和"认识我他们会很高兴"。

1. 日常工作假日

♣ 命题

严格来说，这是一种消遣，而不是游戏。显然，对各方来说，这都是一种建设性的消遣。他们都会因此感到非常开心，有很多好听的故事可以讲，就像去非洲猎狮或者驾车穿越洲际公路一样。现在，世界和平组织已经对"日常工作假日"正式予以官方认可。

然而，如果工作是次要的，或者出于某种隐藏的动机，使其变成了完成其他任务的幌子，那么，"日常工作假日"便成了一个游戏。不过，即使这样，它仍然保持其建设性的特征，是解释其他活动（也可能是建设性的）的一个更好的理由。

2. 骑士

♣ 命题

每当遇到一名如意的女性，怀特都会不失时机地评论她的优秀品质，但绝对不会超过其生活地位、社会地位和良好品味所要求的限度。不过，在这些限度内，他会充分发挥自己的创造力、热情和原创性。其目的不是引诱，而是展示其在恭维方面的精湛技艺。其内在的社交意义在于这种纯雅的技艺给女人带来的快乐，以及她对怀特技艺的赏识。在适当的情况下，当双方都意识到游戏的本质时，此间的快乐会无限扩大。当然，一个老练的男人知道适可而止：一方面，绝对不能超出幽默的限度（出于对她的考虑）；另一方面，绝对不能让自己的幽默效果打折（出于对自己技艺的考虑）。
"骑士"这个游戏的诞生在于其外在的社交意义。比如诗人，
他们对合格的批评家和公众的欣赏颇感兴趣，就像他们对激
发他们的女士的反应一样。

　　这个游戏在很大程度上落入了水果摊派诗人之手：你
的眼睛像鳄梨，你的嘴唇像黄瓜，等等。水果摊类型的"骑
士"风格缺少优雅，很难与赫里克和洛夫莱斯的作品比肩，
甚至也无法与罗切斯特、罗斯科蒙和多塞特愤世嫉俗但富有
想象力的作品相提并论。

♣ 反命题

　　女人要想扮演好自己的角色，需要一些世故；而要想拒
绝这个角色，则需要极大的愠怒或愚蠢。一个恰当的补充游
戏是"哎呀，穆加特罗伊德先生，你太棒了！"的变体，叫
作"穆加特罗伊德先生，我很欣赏你的作品"。如果这个女
人比较呆板，或无知无觉，那么，她可能会用简单的"哎
呀，穆加特罗伊德先生，你太棒了！"来回应。但是，这显
然不得要领：怀特供给大家欣赏的不是他本人，而是他的诗

歌。愠怒的女人的残酷对立面是二级"挑逗"（"走开吧，兄弟！"）。一般来说，如果女人把游戏当成诱惑的尝试，而不是文采的展示，那么，游戏就给玩坏了。

✦ 关联

作为一种游戏，"骑士"必须与直接求爱过程中的操作和程序区分开来。这些操作和程序是简单的沟通，没有不可告人的动机。女性版的"骑士"可以称为"巧言巧语"，这通常是勇敢的爱尔兰女士晚年时钟情的游戏。

部分分析

 -

目的：相互欣赏。

角色：诗人，欣赏主题。

社交范式：成人自我状态——成人自我状态。

成人自我状态（男性）：瞧，我能让你感觉很棒！

成人自我状态（女性）：啊，你的确让我感觉很棒。

心理范式：儿童自我状态——儿童自我状态。

儿童自我状态（男）：看，我能造出怎样的句子。

儿童自我状态（女）：啊，你真的很有创造力。

获益：（1）内在心理层面——创造力和自身吸引力的保证；（2）外在社交层面——这些可能是听天由命的；（3）生物层面——相互安抚；（4）现实层面——我可以优雅地生活。

----

3. 乐于助人

❦ 命题

怀特一贯乐于助人，但别有用心。他可能是在为过去的邪恶而忏悔，可能是在掩盖现有的邪恶，其交友的目的是日后利用，或者寻求某种声望。但是，无论你如何质疑他的动机，都必须承认他的所作所为。毕竟，人们可以通过变得更加邪恶来掩盖过去的邪恶，通过恐吓而不是慷慨来剥削他人，通过邪恶而不是善良来寻求声望。一些慈善家感兴趣的是竞争，而非慈善："我捐出的钱（艺术作品、土地数量）

比你多。"同样，即便他们的动机受到质疑，他们也是以建设性的方式展开竞争，毕竟，有很多人的竞争是破坏性的。大多数"乐于助人"的玩家既有朋友，也有敌人，在他们的感觉中，两者都是合理的。他们的敌人攻击他们的动机，却忽略他们的行为，而他们的朋友感激他们的行为，却忽略他们的动机。因此，对这种游戏的所谓的"客观"讨论实际上是不存在的。自称中立的人很快就会表明自己是站在哪一边的。

这种游戏，顾客乐意参与进来，这可能是商业游戏中最愉快和最有建设性的一种。在另一种关系中，最应谴责的一种形式是三人玩的家庭游戏。在这种游戏中，父母争夺孩子的爱。但是，即便如此，也应该注意到，选择了"乐于助人"，就意味着消除了一些不光彩行为，因为不愉快的竞争方式实在是太多。例如，"妈妈比爸爸病得厉害"或者"你为什么更爱他？"。

4. 认识我他们会很高兴

这是"我要做给他们看看"的一个更有价值的变体。

"我要做给他们看看"有两种形式。在破坏性的形式中，怀特通过加害他们来"做给他们看看"。因此，他可能会设法爬到一个更高的位置，不是为了声望或物质利益，而是因为可以获得发泄怨气的权力。在建设性的形式中，怀特努力工作，通过各种努力获得声望，不是为了技艺或成就（尽管这些可能起次要作用），也不是为了对他的敌人造成直接伤害，而是为了让他们因没有更好地对待他而嫉妒和后悔。

在"认识我他们会很高兴"的游戏中，怀特的努力完全是为了他以前同事的利益。他想向他们表明，当初，他们友好尊重地对待他是正确的；同时，他向他们证明，他们当初的判断是正确的，因此，应对自己感到满意。为了确保在游戏中获胜，他的手段及目的都必须是体面的，这是他对"我要做给他们看看"的超越。"我要做给他们看看"和"认识我他们会很高兴"都只是成功的次要意义，而不是游戏。当怀特的兴趣放在对敌人或朋友的影响上，而不是成功本身时，它们就变成了游戏。

第三部分

游戏之外

✦

第十三章

游戏的意义

（1）游戏代代相传。无论是谁，最喜欢的游戏都可以追溯到他的父母和祖父母那里，并且，可以传给自己的下一代。此外，在没有外界强烈干预的情况下，还可以传给自己的孙子孙女。因此，游戏分析应该放在历史的大背景里，向前可以追溯一百年，向后可以预测五十年。打破这个涉及五代或五代以上的链条可能会产生几何级的影响。很多在世的人都有两百多个后代。游戏可能会在代代相传的过程中被淡忘或被改变，但似乎有一种强烈的趋势，那就是，玩同一类游戏的人常常会内部联姻。这就是游戏的历史意义。不同文化、不同阶层的人喜欢不同的游戏，而不同部落、不同家族的人又喜欢这些游戏的不同变体。这就是游戏的文化意义。

（2）游戏可以说是夹在消遣和亲密之间。消遣会因重复而变得乏味，就像连续参加鸡尾酒会一样。亲密需要非常谨慎，并受到父母、成人和儿童三种自我状态的监视。社会不喜欢坦诚，除非是在私人场合；理智总会被滥用；而儿童自我状态对此感到恐惧，因为它涉及真相的揭露。因此，为了摆脱无聊的消遣，而同时又不暴露在亲密的关系中，大多数人都会采取折中的态度，选择游戏。因此，游戏占据了有趣社交的大部分时间。这就是游戏的社会意义。

（3）人们往往会选择玩同样游戏的人作为朋友、同事和密友。因此，在特定的社交圈（贵族、青少年群体、社交俱乐部、大学同学等）中，圈内人的行为方式对圈外人来说似乎非常陌生。相反，圈子里的任何人，如果想要改变游戏规则，都会受到排挤，但会受到其他社交圈的欢迎。这就是游戏的个人意义。

✤ 注解

现在，读者诸君想必能够理解数学游戏分析和沟通游戏分析之间的基本区别。数学游戏分析假设玩家是完全理性的，而沟通游戏分析处理的游戏都是非理性的，甚至是不理性的，因此更加真实。

第十四章　游戏者

一个人从小就生母亲的气。说到生气，他搬出来的理由是"儿童自我状态"。母亲可能在他童年的某个关键时期生病去医院了，从而"抛弃"了他；或者说，她给他生了太多的兄弟姐妹。有时，"抛弃"是有意而为之，她可能为了再婚而把他寄养出去了。无论如何，打那以后，他一直都在生闷气。他讨厌女人，虽然他天生可能是个风流浪子。由于生闷气一开始是存心的，所以，生闷气的决定可以在人生的任何阶段逆转，就像童年时期吃饭时一样。对成年人和小男孩来说，推翻这一决定的要求是一样的。他必须能够保全面子，必须能得到一些有价值的东西，以换取他生闷气的特权。有时，如果停止生气，一个可能持续几年的"精神病学"游戏可以马上中止。这需要患者的精心准备以及合适的时机和方法。治疗师的笨拙或威吓不会产生比在小男孩身上更好的效果。从长远来看，患者将会对治疗师的不当处理进行报复，就像这个小男孩最终报复笨拙的父母一样。

女性生闷气的情况也是一样的。如果需要在细节上修正一下的话，那么，她们生的是父亲的气。她们的"木腿"（"你对一个有那样父亲的女人有什么期望？"）必须由男性治疗师采用更多的外交手段来处理。否则，治疗师有可能被扔进"男人都跟我父亲一样"的废纸篓里。

每个人都有一点愚蠢，但游戏分析的目的是把它保持在最低限度。人的愚蠢是因为对父母自我状态反应过度。因此，他的成人自我状态的数据处理和儿童自我状态的自发行为很可能在关键时刻受到干扰，导致不恰当的行为或笨拙的行为。在极端情况下，愚蠢的人会与马屁精、爱炫耀的人和老古董融合在一起。在此，"愚蠢的人"不应该与不知所措的"精神分裂症患者"混淆起来。后者没有正常的父母自我状态，也没有正常的成人自我状态。所以，他必须以一个不知所措的儿童自我状态来应对这个世界。有趣的是，通常情况下，"愚蠢的人"（jerk）只用来指"男性"，偶尔也用来指"男性化的女性"。而"一本正经者"（prig）与其说是"愚蠢"，倒不如说是"古板"，通常只用来指"女性"，偶尔也用来指"女里女气的男性"。

第十五章

范例

请看以下患者与治疗师之间的对话：

患者：我有一个新的项目——按时完成。

治疗师：我会尽力配合。

患者：我不管你，我是为我自己。…… 猜猜我历史考试得了多少分？

治疗师：B+ 。

患者：你怎么知道的？

治疗师：因为你害怕得 A。

患者：没错。我本来可以得 A，但我在检查试卷的时候，画去了 3 个正确答案，改成了错误答案。

治疗师：我喜欢这样的交流，一切都很自然。

患者：你知道，昨晚，我一直在想自己进步到底有多大。现在，我只有原来 17% 的古怪行为了。

治疗师：嗯，到今天早上为止，已经是零了。所以，下一次，你可以得到 34% 的折扣。

患者：这一切都是从 6 个月前开始的。那时，我正在看我的咖啡壶，那是我第一次真正看到了它。你知道我现在的状态，我能听见鸟叫。当我看着别人的时候，他们真的就在那里。最重要的是，我也真的就在那里。不但如此，现在，我还真的就在这里。前两天，我站在画廊里看一幅画。一个男人走过来对我说："高更很不错。"我说："你也不错。"于是，我们一起出去喝了一杯。他人很好。

这是两个独立自主的成年自我状态之间的对话。没有古怪的东西，没有游戏成分。以下是相关的注解：

"我有一个新的项目——按时完成。"这一宣布是在事后做出的。患者经常迟到，但这次没有。如果说守时是一种决心，一种"意志力"行为，一种父母自我状态强加给儿童自我状态的义务，目的是打破它，那么，应该在事前宣布："这是我最后一次迟到了。"那将是一个创立游戏的尝试，但她的声明不是。那是一个成人自我状态的决定，一个项目，而不是一个决心。患者要继续守时。

"我会尽力配合。"这不是一个"支持性"的声明，也不是开启"我只是想帮你"这个游戏的第一步。患者就诊的时间安排在治疗师的茶歇之后，由于患者总是迟到，治疗师也养成了"不着急，慢慢来"的习惯。当她做出上述声明时，治疗师知道她是认真的，随即也做出了自己的声明。这一沟通是两个成人自我状态之间订立的契约，双方都要遵守，而不是儿童自我状态迫于自身位置必须成为"好爸爸"，或是对与其合作者父母自我状态的戏弄。

"我不管你。"这强调了她的守时是一个决定，而不是一个决心。后者可能被人利用，成为伪服从游戏的一部分。

"猜猜我得了几分？"这是一种双方都知道并觉得可以尽情享受的消遣。治疗师没有必要告诉她这是一种消遣——一种患者已经知道的东西——以此来显示自己有多敏锐；患者也没有必要仅仅因为这是消遣就敬而远之。

"B+。"治疗师认为，按照她的情况，那是她唯一可能得到的分数，而且，没有理由不这样说。假谦虚或怕说错都可能让他装不知道。

"你怎么知道的？"这是一个成人自我状态问题，不是一个"哎呀，你太棒了"的游戏，需要得到中肯的回答。

"没错。我本来可以得 A。"这是真正的测试。患者没有因为合理化或辩护等理由而生气，而是直面自己的儿童自我状态。

"我喜欢这样的交流。"这和后面半开玩笑的话一起表达了成人自我状态之间的相互尊重，也许还带有一点父母自我状态和儿童自我状态之间的消遣，这对他俩来说也是可有可无的，对此，他们也都十分清楚。

"那是我第一次真正看到了它。"她现在有了自己的意识，不再被迫用父母告诉她的方式去看待咖啡壶和周围的人。"现在，我还真的就在这里。"她不再生活在未来或过去。但是，如果谈论过去和将来有益的话，她还是可以进行简短的讨论的。

"我说：'你也不错。'"她不再被迫浪费时间与新来的人一起玩"画廊"游戏了，尽管她愿意的话是可能那样做的。

就治疗师而言，他觉得自己没有义务去玩"精神病学"游戏。有好几次，他可以提出辩护、移情和象征解释的问题，但他都只字未提，也并未感到任何不安。然而，为了便于未来参考，还是有必要弄清楚患者在考试中究竟划掉了哪些答案。遗憾的是，在接下来的一个小时里，患者和治疗师身上都出现了一些"古怪"的行为，患者占 17%，治疗师占 18%。总之，整个过程构成一项包含了启发性消遣的活动。

第十六章 自主性

自主性的获得表现为三种能力的释放或恢复：觉知、自发性和亲密。

✤ 觉知

觉知意味着，以自己的方式而不是别人教你的方式去观察咖啡壶、去听鸟鸣。我们有充分的理由认为，婴儿的视觉和听觉与成人的不同。[1] 而且，他们在生命的头几年里，靠的更多的是直觉，而非知识。小男孩看到一只鸟，听到鸟叫，非常高兴。此时，"好爸爸"出现了。他觉得应该"分享"自己的经验，帮助儿子快点"成长"。他说："那是松鸡，这是麻雀。"当小男孩开始关注哪一只是松鸡，哪一只是麻雀时，他再也看不见鸟儿，再也听不到它们的歌唱了。他必须以父亲教他的方式去观察、去聆听。父亲的理由很充分，因为很少有人能一辈子啥也不干，只听鸟叫。因此，小男孩的"教育"越早越好。也许，他长大后会成为一名鸟类学家。然而，很少有人能用儿时的方式去观察、去聆听。事实上，大多数人都已经失去了成为画家、诗人或音乐家的能力。即使有机会，也不能靠直觉去观察、去聆听，他们所看到的、所听到的一定都是二手的。这种能力的恢复在这里叫作"觉知"。从生理的角度来看，觉知就是洞悉，与"遗觉表象"有关。[2]也许，有些人（至少，在某些个体中）在味觉、嗅觉和动觉领域非常出众，这给我们带来了这些领域的大师——厨师、调音师和舞蹈家等，而寻找能欣赏他们作品的观众则成了他们永恒的课题。

觉知要求人们活在此时此地，而不是别处、过去或未来。就拿生活中最常见的例子——早上匆忙驾车上班——来说。这里有一个决定性的问题，那就是："当你的身体在这里的时候，你的心灵在哪里？"一般而言，有三种常见的情况。

（1）越是强调准时的人，离准时越远。当他的身体还在车里时，他的思想已经飞到了办公室门口。他对周围的环境浑然不觉，除非它们构成了一道道屏障，使他的躯体无法赶上灵魂。这就是那个"古怪的人"，他所关心的只是老板会怎么看他。如果时间很紧，他会拼了命地赶来。此时，掌控方向盘的是那个顺从的儿童自我状态，他玩的游戏叫作"看看我有多努力"。开车时，他几乎完全失去了自主能力。作为一个人，他基本上处于半死不活的状态。这很容易导致高血压或冠心病。

（2）另一方面，生气的人所关心的不是准时到达，而是为迟到找借口。事故灾难、一路红灯、他人糟糕的驾驶技术等愚蠢行为都是很好的借口。而且，他暗地里还非常祈求这些事情的发生，以迎合"看看他们让我做了什么"里面那个叛逆的儿童自我状态或正直的父母自我状态。他也对周围的环境浑然不觉，除非它们与他的游戏有关。所以，他的生命已经死去一半。他的身体在车里，但他的思想却在寻找瑕疵和不公。

（3）"天生的司机"比较少见。对他来说，开车既是一门科学，也是一门艺术。当他快速娴熟地穿过车流时，他和车是浑然一体的。他也忽略了周围的环境，除非它们能提高他的驾驶技术。然而，他对自己、对爱车都了如指掌。从这个意义上来说，他是百分之百活着。这样的驾驶是成人自我状态的消遣，而他的儿童自我状态和父母自我状态都会从中获得满足。

（4）第四种人就是觉知的人。他不会匆忙赶路，因为他就活在当下，他要享受天空、树木以及运动的感觉。匆忙赶路只能让人忽略周边的环境，脑子里要么全是看不见的远方，要么全是障碍物，要么全是自己。一名男子正要跨进地铁。这时，与他同行的同伴提醒他说，坐快车可以节省20分钟。于是，他们改坐了快车。当他们在中央公园下车后，这名男子却坐在一条长凳上不走了，这让他的朋友很是惊讶。男子解释说："既然我们节省了20分钟，就可以在这里坐上20分钟，享受一下周围的环境。"

觉知的人才是真正活着，因为他知道自己的感受，知道自己的具体位置，也知道具体的时间。他知道，在他死后，树还会在那里，但他已经无法再去看它们了。所以，他想在能看到它们的时候尽量多看一眼。

❧ 自发性

自发性意味着选择，也就是自由选择。自由表达自己的情感（即父母自我状态的感受、成人自我状态的感受和儿童自我状态的感受）；自发性意味着解放，即从玩游戏的冲动中解放出来，从别人教给你的单一情感中解放出来。

✤ 亲密

亲密意味着觉知的人自发的、不受游戏困扰的坦诚，意味着活在此时此地、天真无邪、感觉敏捷的儿童自我状态的彻底释放。实验[3]表明，直觉能唤起情感，坦诚能调动积极的情绪，因此，甚至会有"单方面亲密"这种东西。这种现象在职业骗子中是众所周知的，尽管名称上有所出入。职业骗子能够在自己不投入的情况下俘获自己的伴侣，其主要方法是：鼓励他人在交谈时直视自己的眼睛，鼓励无拘无束地聊天，而与此同时，他们只是逢场作戏，假装回应。

从本质上讲，亲密行为是儿童自我状态的一种与生俱来的能力，尽管在表达上掺杂了复杂的心理学和社会学要素。因此，如果没有游戏的干扰，它往往会变得很好。通常情况下，父母自我状态影响和破坏了亲密行为。最不幸的是，这几乎是一个普遍现象。但是，在此之前，即在幼儿的感知能力还没有遭到破坏之前，大多数婴儿似乎都很可爱。这是亲密行为的本质，正如实验结果所表明的那样。

注释：

1. Berne, E. Intuition IV：Primal Images &Primal Judgments. *Psychiatric Quarterly*, 29：634–658, 1955.

2. Jaensch, E. R. *Eidetic Imagery*, *Harcourt*, Brace. New York, 1930.

3. 这些实验在旧金山社会精神病学研讨会上仍处于试验阶段。沟通分析的有效实验应用需要特殊的训练和经验，就像色谱或红外分光光度法的有效实验应用一样。区分游戏和消遣，并不比区分恒星和行星容易。详见 Berne, E. The Intimacy Experiment. *Transactional Analysis Bulletin*, 3：113, 1964；More About Intimacy. ibid., 3：125, 1964.

4. 有些婴儿的感知能力由于各种原因（如消瘦症、某些绞痛等）很早就遭到破坏，这种能力从来就没有运用的机会。

第十七章　自主性的获得

从孩子出生之日起，父母总在有意无意间教导他们如何处世，如何思考、感受和感知这个世界。摆脱这些影响并非易事，因为它们根深蒂固，无论从生活还是社交的角度来说，它们都早已成为孩子人生前二三十年中不可或缺的部分。事实上，只要个体处于自主状态，摆脱也不是不可能的。也就是说，个体一开始都具备意识能力、自发行为能力和亲密能力，能够判断出父母的教导哪些是应该接受的，哪些是可以不接受的，并且，在生命早期的某些特定时刻，就能决定如何去适应。由于适应具有决定的性质，而决定本身是可以撤销的，因此，在有利的情况下，决定是可逆的。

首先，必须摆脱整个部落或家族历史传统的束缚，就像新几内亚玛格丽特·米德的村民一样。[1] 其次，抛弃父母、社会和文化背景对个人的影响。再次，抛弃当代社会的要求。然后，还要部分或全部抛弃社交圈中获得的利益。最后，还要远离那些自己惯着自己的怪人和蠢人。接下来，个体必须获得个人和社会控制能力。这样，附录中描述的所有行为（梦除外）都将成为其自由的选择，他就可以建立那种脱离游戏干扰的社会关系了。此时，他就可以培养自己的自主能力了。从本质上来说，整个准备过程就是如何友好地摆脱父母（和其他父母自我状态）的影响。当然，这样的影响可以偶尔出现，但不再占主导地位。

注释：

1. Mead，M. *New Lives for Old.* Gollancz，1956.

第十八章 游戏之后是什么

本书的第一部分和第二部分描绘了一幅暗淡的画面。在这一画面中，人的一生主要是一个填补时间的过程，直到死亡为止。在这个漫长的等待中，人们几乎没有什么选择余地。这是一个常见的问题，但不是最终的答案。对某些幸运儿来说，有一种东西超越了所有行为，那就是觉知；有一种东西超越了过去，那是自发性的；有一种东西比游戏更有价值，那就是亲密。但是，对于毫无准备的人来说，上述三种情况可能是很可怕的，甚至是危险的。也许，安于现状会很好，即按照通常的社交方式寻求解决方案，比如"归属感"。这可能意味着，人类作为一个整体将失去希望。但是，对个体成员来说，希望依然存在。

附录：行为分类

在任何时刻，人都在从事下列一种或多种行为：

类别 l：内部程序化行为（原始心理）。自闭症行为。

顺序：（a）梦。

（b）幻想。

　　包括：i. 外来因素引起的幻想（愿望实现）；

　　　　　ii. 不适应的自闭症行为；

　　　　　iii. 适应的自闭症行为（新心理程序）。

（c）蒙眬状态。

（d）妄想行为。

（e）非自愿行为。

　　包括：i. 痉挛；

　　　　　ii. 怪癖；

iii. 动作倒错。

（f）其他。

类别 II： 可能性程序化行为（新心理程序）。现实检验过的行为。

顺序：（a）行为。

包括：i. 职业、贸易等；

ii. 体育、爱好等。

（b）程序。

包括：i. 数据处理；

ii. 技术。

（c）其他。

类别 III： 社交程序化行为（部分外在心理的）。社交行为。

顺序：（a）仪式和典礼；

（b）消遣；

（c）运作和操纵；

（d）游戏。

子顺序：A. 专业游戏（多人沟通）；

B. 社交游戏（双向沟通）。

（e）亲密。

先前所讨论过的社交游戏分类如下。类别 III：社交程序化行为；顺序（d）：游戏；子顺序 B：社交游戏。

"亲密"是最后一个分类，是非游戏生活状态的一部分。

对于上面的分类方式，读者尽可以批评指正（但请不要嘲弄）。之所以将其列在这里，不是因为笔者喜欢它，而是因为它比其他分类系统更真实、更实用，并且，对那些喜欢分类或需要分类的人有所帮助。

在喧嚣的世界里，

坚持以匠人心态认认真真打磨每一本书，

坚持为读者提供

有用、有趣、有品位、有价值的阅读。

愿我们在阅读中相知相遇，在阅读中成长蜕变！

好读，只为优质阅读。

人间游戏：人际关系心理学

策划出品：好读文化	责任编辑：王　巍
监　　制：姚常伟	内文制作：尚春苓
产品经理：姜晴川	装帧设计：仙　境
特约编辑：侯季初	

图书在版编目（CIP）数据

人间游戏：人际关系心理学/（美）艾瑞克·伯恩
著；张积模，江美娜译.—北京：北京联合出版公司，
2022.5（2022.9重印）
ISBN 978-7-5596-6008-4

Ⅰ.①人… Ⅱ.①艾… ②张… ③江… Ⅲ.①人际关
系学—社会心理学 Ⅳ.①C912.11

中国版本图书馆CIP数据核字（2022）第039550号

人间游戏：人际关系心理学

作　　者：[美]艾瑞克·伯恩
译　　者：张积模　江美娜
出 品 人：赵红仕
责任编辑：王　巍

北京联合出版公司出版
（北京市西城区德外大街83号楼9层　100088）
北京联合天畅文化传播公司发行
北京美图印务有限公司印刷　新华书店经销
字数131千字　787毫米×1092毫米　1/32　8.75印张
2022年5月第1版　2022年9月第3次印刷
ISBN 978-7-5596-6008-4
定价：49.50元